조선의 나그네 소년 장복이

샘터어린이

샘터가 소망하는 우리 아이들의 얼굴입니다.
이 행복한 마음 담아 여러분 곁으로 찾아가겠습니다.
www.isamtoh.com

샘터역사동화

# 조선의 나그네 소년 장복이

김종광 글 • 김옥재 그림

샘터

샘터역사동화 04

『열하일기』 박지원과 함께한 청나라 기행
## 조선의 나그네 소년 장복이

**1판 1쇄 인쇄** 2014년 11월 28일 | **1판 1쇄 발행** 2014년 12월 8일
**글쓴이** 김종광 | **그린이** 김옥재 | **펴낸이** 김성구

**책임편집** 김동규 | **디자인** 여종욱 문인순 | **제작** 신태섭
**마케팅부** 최윤호 손기주 송영호 | **디지털콘텐츠홍보** 차안나 | **관리** 김현영

**펴낸곳** (주)샘터사 | **등록** 2001년 10월 15일 제1-2923호
**주소** 서울 종로구 대학로 116(110-809)
**전화** 단행본부 (02)763-8965 마케팅부 (02)763-8966 | **팩스** (02)3672-1873
**전자우편** book@isamtoh.com | **홈페이지** www.isamtoh.com

ⓒ글 김종광, 그림 김옥재, 2014

이 책은 저작권법에 의해 보호를 받는 저작물입니다. 이 책에 수록된 글과 이미지를
사용하고자 할 때에는 반드시 저작권자와 (주)샘터사의 서면 허락을 받아야 합니다.

ISBN ISBN 978-89-464-1923-0 74810, 978-89-464-1684-0(세트)
이 도서의 국립중앙도서관 출판예정도서목록(CIP)은 서지정보유통지원시스템 홈페이지
(http://seoji.nl.go.kr)와 국가자료공동목록시스템(http://www.nl.go.kr/kolisnet)에서
이용하실 수 있습니다.(CIP제어번호: CIP2014033346)

**샘터 1% 나눔 실천** 샘터는 모든 책 인세의 1%를 '샘터파랑새기금'으로 조성하여
아름다운재단의 소년소녀 가장 주거비로 기부하고 있습니다. 2013년까지 5,800여만 원을
아름다운재단에 기부하였으며, 앞으로도 샘터의 모든 책은 1% 나눔 실천을 계속할 것입니다.

• 일러두기

이 이야기는 역사 자료를 바탕으로 하였으나 상세한 내용은 작가의 상상으로 만들어졌습니다.

| 차례

등장인물 소개 • 8
들어가며 • 10

## 1부 한양을 떠나다 • 12

5월 25일 한양 출발 • 5월 26일 혜음령 미륵보살
5월 27일 임진강 나루터 • 5월 28일 점심밥
6월 2일 호위무사 백동수 • 6월 3일 역관 학생 조수삼
6월 4일 불쌍타와 왕방울

## 2부 평양에서 의주까지 • 44

6월 5일 광대 달문이 • 6월 7일 고기잡이 • 6월 8일 일지매
6월 9일 유구국 공주님 • 6월 10일 만남과 이별
6월 11일 종놈이 되겠다고? • 6월 12일 기생 • 6월 13일 바다
6월 14일 전기수 • 6월 21일 편지

## 3부 압록강을 건너 중국으로 • 90

6월 24일 압록강 • 6월 25일 허허벌판
6월 27일 책문 • 6월 28일 집 찾기 • 6월 29일 관우묘
7월 2일 농부와 돼지 • 7월 6일 강 건너기 • 7월 8일 요양성
7월 9일 물렀거라! 저었거라!

## 4부 산해관 향해 가는 길 • 130

7월 10일 몽골 사람 • 7월 11일 심양 • 7월 12일 낙타
7월 13일 참외 • 7월 14일 나무다리, 초상집, 돼지 잔치
7월 15일 호랑이 소동 • 7월 16일 하늘의 조화
7월 17일 청나라 역관 • 7월 18일 마두 개똥이
7월 22일 털모자

## 5부 만리장성을 넘어 • 180

7월 23일 만리장성 • 7월 25일 김홍도의 그림
7월 26일 냇가 시장 • 7월 27일 사랑 • 7월 28일 호랑이 꾸중
7월 29일 극장

## 6부 최고의 장관 연경 • 202

7월 30일 최고 장관 • 8월 1일 연경

글쓴이의 말 • 214
박지원과 『열하일기(熱河日記)』 • 217

| 등장인물 소개

**장복이**

쌀 다섯 섬 때문에 앓아누운 아버지를 대신해 느닷없이 연경으로 떠난 열세 살 소년. 괴나리봇짐·개다리소반과 음식을 짊어진다. 순진하여 실수도 많이 하지만, 속정이 깊다. 사려 깊은 똥선비, 경마잡이 창대와 함께하며 세상에 눈을 뜬다.

**똥선비**
(연암 박지원)

덩치가 크고 뚱뚱한 마흔네 살 선비. 종놈들과도 잘 어울리며 웃음소리가 호탕하다. 그 웃음소리 때문에 '껄껄선생'이라 불린다. 자신의 종놈인 장복이와 창대를 끔찍이 여긴다. 조선에서는 게으르고 한가했으나 중국에서는 새로운 것들에 관심을 가지느라 가장 부지런하고 바쁜 모습을 보여 준다.

**창대**

장복이와 함께 나그넷길을 떠나는 열아홉 살 경마잡이 소년. 영리하고 허풍도 있고 수다스럽다.

**백동수**

청나라로 떠나는 사신단의 호위 무사. 공중 발차기 한 번이면 두 사람이 한꺼번에 나가 떨어질 정도로 무예가 끝내준다.

**조수삼**

훌륭한 역관으로 키우려고 역관들이 특별히 데려가는 학생. 어린 나이이지만 중국말, 일본말에 능통하다. 장복이에게 언문을 다정히 가르쳐 주는 친절한 인물로 나중에 유구국 공주와 사랑에 빠진다.

〈그 밖의 인물들〉

### 유구국(율도국) 공주
조선의 자랑스러운 의적 홍길동이 세운 '율도국'의 공주. 원래는 청나라 귀족에게 시집가는 길이었는데 태풍을 만나 표류하다가 조선 임금께 간청하여 사신단에 합류한다.

### 난향
숙천 고을에서 무사 백동수에게 검술을 가르쳐 달라고 애원했던 소녀. 양반 가문의 딸이었으나 아버지를 모함하여 죽인 원수를 갚으려 한다. 장복이와 서로 좋아하는 사이로, 의주에서 장복이를 기다리기로 약속한다.

| 들어가며

## 나 장복이가
## 이 기행문을 쓴 까닭

작년(1780년, 정조 4년) 뜨거운 여름에
나 장복이는
뚱선비님(연암 박지원)을 모시고
한양을 떠났다.
의주대로를 종단하고
압록강을 건넜다.
요동 천리를 밟고
산해관을 넘었다.
청나라(중국) 연경(북경, 지금의 베이징)까지 다녀왔다.

나그넷길은 내 머리를 알차게 만들었다.
나그넷길은 내 마음을 살찌게 해 주었다.
뚱선비님은 다녀오셔서 『열하일기』를 쓰셨다.
내 얘기도 나온다는데
나는 읽어 볼 수가 없었다.
한문으로 쓰였기 때문에.
까짓것 나도 한번 써 보자는 생각이 들었다.
언문으로 써서
한자를 모르는 아이들도 읽을 수 있도록…….
그래서 썼다.
어마어마하게 많은 일을 겪었는데
그중 특히 기억에 남는 일만 썼다.
모쪼록 여러 동무들이 읽고 이야기책으로나마
함께 여행하는 기쁨을 맛보았으면 좋겠다.

# 1부 한양을 떠나다

## 5월 25일 한양 출발

아버지가 앓아누웠다. 열이 펄펄 끓었고, 식은땀을 줄줄 흘렸다. 정신도 오락가락했다.

아버지는 뚱선비를 모시고 연경*으로 떠나야 하는데, 큰일 났다! 아버지는 이미 쌀 다섯 섬을 받았다. 연경에 못 가면 돌려줘야 한다. 그럼 우리 식구는 굶어 죽는다.

방법은 하나뿐, 내가 아버지의 일을 대신하는 것이다. 나는 아버지의 봇짐을 둘러메었다. 어머니와 여동생들에게 작별 인사도 제대로 못하고, 뚱선비 댁으로 달려갔다.

뚱선비는 마흔네 살인가 자셨는데, 되게 뚱뚱했다. 우리 같은 종놈들 보는 데서도 잘 웃었고, 껄껄껄 웃음소리가 참 호탕했다. 어른들은 그 웃음소리 때문에 '껄껄선생'이라고 불렀다.

아비가 급환* 난 것을 아뢰었다. 냅다 큰절을 올리고 애

---

연경 • 중국 수도 베이징(北京)의 옛 이름으로, 이곳은 춘추 전국 시대 연나라의 도읍이었다.
급환 • 위급한 병이나 환자를 말한다.

걸했다.

"소인이 대신 가겠나이다. 부디 거두어 주서요."

뚱선비는 물끄러미 바라보다가 말했다.

"너희 집 사정은 딱하게 되었다만, 안 된다. 돌아가거라! 너 같은 어린아이를 데리고 그 험한 길을 어찌 가겠느냐."

"소인 열세 살이나 먹었습니다. 하나도 어리지 않아요! 저를 안 데려가실 거면, 이 자리에서 저를 죽여주세요. 어차피 굶어 죽을 테니까요!"

나보다 대여섯 살 많아 뵈는 청년이 말했다. 말고삐를 잡고 있는 걸로 보아 경마잡이인가 보았다.

"나리, 지금 어디서 새로 종놈을 구한답니까? 당장 떠나야 한다고요. 녀석이 똘똘해 뵈는 것이 영 허릅숭이*는 아니겠는걸요. 그냥 데리고 가시지요."

"글쎄, 너무 어리잖느냐!"

"에이, 어리기는요. 저 정도면 다 큰 거지요. 저도 쟤만 할 때 압록강을 처음 넘었는걸요."

---

허릅숭이 • 일을 믿음직하게 하지 못하는 사람을 낮잡아 이르는 말이다.

뚱선비의 마음이 약해지는 것 같았다. 나는 뚱선비님의 다리 하나를 붙잡고 늘어졌다.

"선비님, 우리 식구를 살려 주셔요. 제발 살려 주셔요! 제가 종노릇, 기똥차게 잘하겠나이다. 저는 다 할 줄 압니다. 밥도 잘하고요, 힘도 장사고요…… 선비님의 두 손과 두 발처럼, 선비님 입안의 혀처럼, 충성하겠나이다. 부처님처럼 자비로운 선비님, 제발, 저를 내치지 마셔요."

뚱선비는 껄껄 웃고는 어쩔 수 없다는 듯 말했다.

"그놈 참, 주둥이 한번 요란하구나! …… 어서, 가도록 하자!"

## 5월 26일 혜음령 미륵보살

경마잡이 창대는 열아홉 살이었다. 창대는 수다쟁이였다.

"이따가 대낮에도 어두침침한 고갯길을 하나 넘게 되는데, 거기가 도적놈 나오는 고개다. 어제 넘은 고개들은 고개도 아녀. 혜음령은 진짜 무시무시한 고개야. 칼 든 놈들이 숨어 있다가 짠 하고 나타나서 가진 것 다 내놔라, 이런단 말이야. 무조건 살려 달라고 빌어야 쓴다. 까불면 안 돼!"

창대는 말고삐를 잡고 맨 앞에서 걸어갔다. 창대는 타령인지 판소리인지를 부르고, 감히 뚱선비께 농담을 걸고, 지나가는 사람에게 이것저것 물어보고, 참 바빴다.

뚱선비는 말에 타고 있었다.

말이 불쌍했다. 당나귀보다 조금 더 커 뵈는 푼수에, 덩치 크고 뚱뚱한 선비님을 태웠으니 얼마나 무겁겠는가. 선비님만 태운 게 아니다. 모가지에는 조롱박 술병과 문방사우 등이 든 바구니가 걸려 있다. 허리에는 부담롱* 네 개가 든 가죽 주머니가 실려 있다. 부담롱에는 옷가지며 홑이불이며 서책 등이 빽빽했다.

나는 내 괴나리봇짐 말고도 개다리소반과 음식을 짊어지고 있다. 말 녀석이 아니었으면 선비님 짐도 내가 도맡아

---

**부담롱** • 옷이나 책 따위의 물건을 담아서 말에 실어 운반하는 작은 농짝을 말한다.

야 했을 테다. 말아, 고맙다.

아침부터 무더위에 쪄 죽겠는데, 양반 나리는 말 위에서 술 한 모금씩 해 가며 팔자가 늘어졌고, 이 어린 종놈은 거치적대는 짐 메고 바삐 걷느라 땀범벅이었다.

과연 키 큰 소나무들이 울창하게 우거져 어둑어둑한 고갯길이 나왔다. 그늘 속으로 들어오니 살 것 같았다. 살 것 같은 것도 잠시, 가파른 길을 오르자니 너무 힘들어서 뒈질 것 같았다.

오르막길에서도 선비님은 내릴 생각이 없으신가 보다. 말 위에서 꼼짝 않고 버티셨다.

창대가 나한테 지청구°를 했다.

"인마, 말 엉덩짝 안 밀고 뭐해!"

말이 성질나서 뒷다리로 내 얼굴을 까면 어떻게 하지? 겁이 나기는 했지만 밀라니 밀었다. 창대는 앞에서 끌고 나는 뒤에서 밀며 고개를 낑낑 넘어가는데, 말 위의 선비님은 신이 나셨다.

---

지청구 • 까닭 없이 남을 탓하고 원망하거나 꾸짖는 것을 말한다.

"어허, 경치가 참 좋구나!"

고개를 다 넘자 시야가 확 트였다. 어이없게도 무지하게 키가 큰 두 분이 나란히 붙어 계셨다. 형제 같았다. 내 눈이 잘못된 게 틀림없다! 저런 거인들이 있다니! 형 같은 분은 둥근 갓을 썼고, 아우 같은 분은 사각 갓을 썼다.

자세히 보니 암벽에 몸통이 새겨졌고, 암벽 꼭대기에 머리 모양의 조각돌을 놓아둔 것이었다.

그럼 그렇지! 내 눈은 멀쩡했다. 진짜 같아서 깜박 속은 것뿐이다.

창대가 떠들었다.

"미륵보살님들께 빌자. 무사히 청나라 다녀오게 해 달라고. 선비님도 비셔요. 아차차, 선비님들은 유학자라서 미륵보살님을 싫어하시지요? 지가 깜박했네요. 장복아, 우리 천한 것들끼리 빌자! 보살님, 보살님, 제발, 우리 세 사람 청나라 잘 다녀오게 해 주십시오. 술 좋아하시는 우리 나리님 술 조금만 드시게 해 주시고, 어리벙벙한 우리 장복이 별 탈 없게 해 주시고, 너무도 운이 없는 저에게 운 좀 주셔서 돈 좀 벌게 해 주소서, 나무아미타불 관세음보살."

"이놈아, 유학자도 빌 때는 비느니라."

뚱선비도 함께 빌었다.

## 5월 27일 임진강 나루터

숱한 사람들이 미꾸라지처럼 엉켜서 팔딱거렸다.

양반 나리들과 헤어지기 아쉬워 울어 대는 기생 누나, 떡과 주전부리 음식 팔러 나온 아줌마, 가마니 깔고 술 파는 들병장수 누나, 동냥 나온 거지, 장죽 빠는 뱃사공, 고기 잡는 아이, 구경하느라 침을 질질 흘리는 노인, 무거운 짐 꾸러미를 배에 옮겨 싣는 아저씨, 떠나는 주인어른께 큰절 올리는 누구 댁 종놈, 시비 붙어 주먹다짐하는 종놈들을 때리는 나졸…….

배는 다섯 척뿐인데 서로 타겠다고 난리였다.

뚱선비는 느긋한 성미인지 맨 마지막에 배를 타겠다고 했다.

"서둘러서 뭣하겠느냐. 어차피 같이 가는 길이거늘."

창대가 가르쳐 주었다.

"저기, 저 뚜껑 없는 가마 타신 분이 바로 우리 사신단의 총대장님이신 정사 나리시다. 가마 멘 사람들은 정사 나리의 하인들이고. 인마, 너는 완전 신세 핀 거야. 너는 선비님 잘 만난 덕에 따라만 다니면 되지만, 정사 나리 하인들은 가마 메야 된다고."

나는 본 게 있어 말대꾸를 했다.

"밥은 우리보다 훨씬 잘 먹던데요."

"당연하지, 우리 선비님은 자제군관˙으로 가시는 거니까 별로 대접을 못 받지. 하지만 정사 나리는 가는 데마다 고을 벼슬아치가 바리바리 싸 들고 오잖아."

"저기 어정쩡하게 생긴 어르신들은 뭐하는 분이실까요? 양반 같지도 않고 종놈 같지도 않은데?"

"역관 나리들이잖아. 중국말 잘하시는 분들. 저분들 없으

---

**자제군관** • 사신의 개인 비서 역할을 하는 사람을 말한다. 자제군관들은 공식 신분이 아니었기 때문에 활동의 제약이 상대적으로 적었다. 그들은 당대 명문가의 자제들로 최고의 지성과 식견을 지녀서 필담으로 중국 문화인과 교류가 가능했다.

면 중국에 가나 마나지. 양반들은 허세만 부리고 일은 역관 나리들이 다 하는 거지 뭐. 어이구, 저분은 의원 나리시구만. 저분은 말 고치는 마의시구, 저분들은 개성상인이 틀림없구만. 나도 크면 개성에 가서 상인 되어야지."

창대는 벌써 개성상인이 된 듯 우쭐대는 얼굴이었다.

## 5월 28일 점심밥

배가 너무 고팠다. 뱃가죽이 등에 달라붙은 듯했다. 새벽녘 출발하기 전에 나물죽 한 그릇을 먹었을 뿐이다.

마침내 평산 고을 관아가 보였다. 저곳에 점심밥이 있다! 저 멀리에서 날아온 밥 냄새가 콧구멍을 들쑤셨다. 곧 쓰러질 것처럼 힘이 하나도 없었는데, 밥 냄새를 맡자 굉장한 힘이 솟았다.

우리 집은 가난하여 하루에 한 끼 먹는 것도 쉬운 일이 아니다. 그런데 나그넷길을 떠난 후로는 하루에 세 끼씩 꼬박꼬박 먹었다. 아버지 대신 떠나기를 얼마나 잘했나. 백 번을 생각해도 나의 선택은 훌륭했다.

"저 먼저 갑니다요!"

말 탄 뚱선비와 말고삐 잡은 창대를 앞질러 달음박질쳤다. 나만 달리는 게 아니었다. 종놈들은 죄다 달렸다. 뚱선비가 워낙 늑장 부리기를 좋아해서, 우리는 거의 맨 뒤쪽에 있었다. 내가 달리기 하나는 자신 있다. 한 명, 두 명, 세 명, 네 명 막 제쳤다. 종놈들은 큰길을 버리고 밭으로 들어갔다. 큰길에는 높으신 분이 앞장서고 있고, 저만치에 평산 고을 사또 나리가 마중을 나와 있다. 우리 종놈들은 큰길의 높으신 분들을 피해 밭둑길로 경주를 했다.

정자 밑에서 아주머니들이 밥을 퍼 주고 있었다.

나졸이 막 뛰어오는 우리에게 윽박질렀다.

"줄을 서라, 줄을 서란 말이야! 줄 안 서는 놈은 밥 안 준다!"

내 앞에는 열두 명밖에 없었다. 어떤 놈이 내 앞으로 불쑥 끼어들었다. 나보다 스무 살은 많은 것 같지만, 같은 종놈 주제에 새치기라니, 참을 수 없다.

"아저씨, 뒤로 가셔요!"

"좀 봐줘라. 이 장쇠 아저씨가 좀 힘들어요."

"뒤로 가세요!"

"어린놈의 새끼가 어디서 소리를 바락바락 질러. 네놈은 장유유서도 모르니?"

종놈들도 주워들은 문자는 있어서, 툭하면 '장유유서'란다. 내가 한양 출발해서 저놈의 장유유서 소리 수백 번은 들었다. 장유유서가 원래 무슨 뜻인지 모르겠지만, 나이 많은 저부터 처먹겠다는 거잖아.

"제가 먼저 왔잖아요, 어른이 되어 가지고 새치기나 하고 그게 장유유서인가요?"

주위 사람들이 막 웃었다. 얼굴이 벌게진 장쇠가 갑자기 내 뺨을 후려갈겼다.

"마빡에 피도 안 마른 게 어디서 싸가지 없이 어른한테 대들어? 날도 더워 죽겠는데, 짜증나게 하네."

내가 억울해서 노려보자 장쇠가 또 울뚝불뚝했다.

"어디서 어른을 노려봐. 이 자식이 한 대 더 맞아야 정신을 차리나. 자, 한 대 더 맞고 앞으로는 어른을 깍듯이 모시거라."

정말로 또 한 대를 때리는 것이었다. 이번엔 머리통을 맞았다.

어찌나 세게 맞았는지 나는 저만치 나가떨어졌는데, 하필이면 개골창*이었다. 개골창에 처박혀 버르적대는데 종놈들은 막 웃어 대고 있었다.

마침 내 손에 잡히는 게 있었다. 끝이 뾰족한 돌멩이였다. 돌멩이를 꼭 쥐고 일어섰다. 장쇠를 향해 똑바로 걸어갔다. 장쇠의 이마를 깠다. 놈의 이마는 하도 단단해서 피 한 방울 나지 않았다. 그거 한 대 때리고, 나는 뒈지게 맞았다. 나졸들이 달려와 말리지 않았으면 참말로 맞아 죽었을 테다.

정신을 차려 보니 맨 꼴찌에 있었다. 맨 꼴찌로 밥을 타러 갔다.

나는 등짐에서 놋그릇 한 개와 나무그릇 두 개를 꺼내

---

개골창 • 집 안에서 버린 물이 밖으로 흐르는 작은 도랑을 말한다.

들었다.

"정사 나리 수행원이신 자제군관 박지원 나리의 종놈, 장복이입니다."

양식 배급 담당 군관이 물었다.

"얼굴이 왜 그 모양이냐?"

억울해서 눈물만 흘러나왔다.

양식군관이 툭 쏘듯 말했다.

"나쁜 놈들! 어린 아우를 보살펴 주지는 못할망정 괴롭히다니! 어쩌겠느냐. 어린 네가 참아라."

말씀이 참 고마웠다. 이번엔 고마워서 눈물이 핑그르르 돌았다.

양식군관이 밥 퍼 주는 나졸에게 말했다.

"밥 좀 많이 줘라. 어린 게 안됐지 않느냐?"

나졸이 밥주걱으로 똥파리를 쫓으며 대답했다.

"밥이 남았어야 주지요. 어떡하냐, 너는 굶어야 되겠다. 하인배 줄 밥은 한 그릇도 안 나오겠어."

고을 관아에서는 밥만 주었다. 물론 양반과 역관한테는 쌀밥을 주었고, 우리같이 천한 것들에게는 쌀 한 톨 안 들어간 잡곡밥을 주었다. 양반과 역관 밥은 모자라는 경우가 없었지만, 우리 종놈 밥은 모자라는 일이 허다했다. 관아에서 밥을 덜 하기도 했고, 힘센 종놈이 밥을 남보다 더 타 가기도 했다. 그래서 나는 그토록 뛰었던 것이다. 늦으면 밥을 못 먹을 수도 있으니까.

나졸은 뚱선비님의 놋그릇에 쌀밥을 고봉으로 퍼 주었다. 창대의 나무그릇에는 보리밥을 겨우 반만 퍼 주었다. 그것도 솥단지를 닥닥 긁은 것이었다. 내 나무그릇에는 먼지만 들어갔다.

창대가 윽박질렀다.

"야, 이놈아, 남들은 다 밥 처먹느라 신이 났는데, 너는 뭘 하다가 이제 오는 거야. 이놈 봐라, 꼬락서니가 왜 이 모양이야. 얼굴에 피는 뭐고?"

밥은 고을 관아에서 얻어먹지만, 반찬은 사신단에서 스스로 해결했다. 양식군관이 저녁때마다 하루 치 반찬거리를 나눠 주었다. 저녁에 푸짐하게 먹고 다음 날 아침과 점심은 조금씩 먹으라는 거였다.

등짐에서 개다리소반과 반찬거리를 꺼냈다. 쌀밥 든 놋

그릇을 올려놓았다. 나물과 된장과 소금으로 찬을 차렸다. 선비님이 어제는 누구한테 술을 얻어 마셔서, 엊저녁에 배급 받은 술 한 병이 그냥 남아 있었다. 술병도 상에 놓았다. 소반을 선비님께 올렸다.

창대의 밥과 반찬은 풀밭에 차려 주었다. 창대가 밥그릇을 보더니 눈알을 부라렸다.

"이놈아, 밥이 왜 이것밖에 없어? 굶어 죽으라는 거야? 이놈이 잘해 주려고 했더니 밥도 하나 제대로 못 타 오네? 너, 한번 맞아 봐야 정신 차리겠어? 요놈 네 밥그릇 좀 보자. 형한테는 요것 받아다 주고 지는 얼마나 처먹으려고 하나 보자. 어라? 야, 인마 왜 네 밥그릇은 텅 비었어? 벌써 다 먹었니? 의리 없게 혼자 다 처먹고 온 거야?"

억울하고 분해서 울먹였다.

"그게 아니고요, 제가 겁나게 달려가서 줄을 섰는데, 장쇠라는 종놈이 새치기하고 때리고 막 밟고 그래서 정신이 나가 번졌어요. 정신을 차리고 가 보니까 벌써 밥이 다 떨어져 갖고…… 형, 죄송해요. 형한테 밥을 많이많이 타다 드려야 하는데, 제가 어리고 힘이 없어서……"

창대가 버럭 소리 질렀다.

"그만 그쳐. 사내자식이 그깟 일로 울고 그래. 자, 밥그릇 갖다 대. 반씩 나눠 먹자. 자, 어서 밥그릇을 대라니까."

"밥이 얼마나 된다고 그걸 나눠 먹어요. 형, 다 드세요. 저는 나물하고 된장 먹으면 돼요."

"말 안 들을래? 어서 밥그릇 대."

"안 돼요. 형, 다 드세요."

우리가 실랑이하는데 뚱선비가 말했다.

"그놈들 참, 가여워서 못 봐 주겠구나. 두 녀석 다 밥그릇을 이리 가져오너라. 어서!"

우리는 밥그릇을 들고 쭈뼛쭈뼛 다가갔다. 뚱선비는 수저로 쌀밥을 퍽퍽 퍼서는 창대 그릇에 채워 주고, 내 그릇에도 채워 주었다. 뚱선비의 놋그릇에는 쌀밥이 한 수저쯤 남았다.

"가서들, 먹거라!"

이걸 진짜로 먹어도 된단 말인가? 양반이 손수 퍼 준 쌀밥을 종놈이 먹어도 되는 것일까? 괴짜 양반님이라는 건 알고 있었지만 이 정도 괴짜인 줄은 몰랐다. 우리가 어쩔 줄 모르고 서 있자, 뚱선비가 술병을 흔들었다.
"나는 이게 밥이나 마찬가지니 걱정 말거라."
정신없이 먹었다. 아, 쌀밥! 얼마 만에 먹어 보는지 모르겠다. 아니다, 이토록 오로지 쌀로만 된 밥은 태어나서 처음 먹어 본다! 너무 맛있어서 눈물이 막 나왔다.
눈물은 괴상하다. 맞으니 분해서 나기도 하고, 고마워서 나기도 하고, 맛있어서 나기도 한다. 맛있어 나는 눈물은 끼니때마다 흘려도 좋겠다.

## 6월 2일 호위무사 백동수

나도 정방산성 얘기는 들어 보았다. 고려 때 이자성 장군이 몽고 오랑캐 8천 명을 무찔렀다는 성 아닌가!
황주 관아로 직행하면 금방 갈 텐데, 선비님은 정방산성을 한 바퀴 돌아보겠다는 것이었다. 여러 산봉우리를 이어 쌓은 성이라 둘레가 무려 25리(약 10킬로미터)나 된다고 했다. 지금은 쓰지 않는 성이라, 군졸 아저씨는 한 명도 없었다.

　부처님 만나러 가는 사람들만 심심찮게 구경했다. 성이 드넓다 보니 성안에 이름난 절도 많았다. 성불사, 안국사, 대흥사. 절 구경을 실컷 했다.

　뚱선비의 구경 욕심은 말릴 수가 없었다. 바윗덩이들을 구경하겠다는 것이었다. 성 밖으로 한참을 갔다.

　눈이 의심스러웠다. 바윗돌 하나를 세로로 세워 놓고, 그 위에 또 다른 바윗돌을 가로로 얹어 놓은 고인돌이 수백 개도 넘게 나타났다. 선비님 덕분에 별걸 다 구경한다.

　어떻게 저런 게 가능한 걸까? 저렇게 크고 두꺼운 바윗돌을 어떻게 올려놓은 걸까? 저게 아주 먼 옛날 사람들 무덤이라는데, 당시에 사람들은 평생 무덤만 만든 걸까?

　갑자기 무섭게 생긴 아저씨 다섯 명이 나타났다. 칼까지 들고 있었다.

　"목숨은 살려 줄 거니께 너무 겁먹지 마시오. 양반 나리, 좋은 말로 할 때 말에서 내리셔."

　말로만 들어 온 산적 놈들이 틀림없다! 제법 험한 고개를 넘을 때마다 "이런 데서는 산적이 안 나올 수가 없지!" 라면서 낄낄대던 창대는, 진짜로 산적을 만나자 넋이 나가 버렸다. 철퍼덕 주저앉더니 그대로 까무러친 것이다.

늙고 뚱뚱한 양반 나리께서 싸움을 할 줄 알겠는가. 내가 싸움을 좀 한다지만 칼까지 든 어른 다섯을 무슨 수로 대적하겠는가. 하지만 나는 돌멩이처럼 굳어 버리기는 했어도 기절하지는 않았다.

뚱선비는 조금도 겁나지 않은 모양이다. 뻣뻣한 자세 그대로 호통을 쳤다.

"이놈들, 이 더운 날 할 짓이 없어서 도적질이냐? 썩 물러가지 못할까?"

산적 하나가 코웃음 쳤다.

"못 물러가겠다."

뚱선비는 점잖게 나무랐다.

"너희들도 먹고살려고 이 짓 하는 것은 알겠다만, 옳은 짓이 아니다. 마음을 곱게 쓰면 얼마든지 밥 벌어먹을 일을 찾을 수 있을 테다."

"아우, 시끄러워! 양반 것들 개 짖는 소리는 알아줘야 돼!"

산적들이 뚱선비를 발로 뻥뻥 찼다. 나는 태어나서 양반이 얻어맞는 것을 처음 보았다.

그때 고인돌을 뛰어넘어 오는 사나이가 있었다. 백동수, 우리 사행단의 호위무사. 백동수가 공중에서 발차기를 하자 산적 두 놈이 한꺼번에 저만치 나가떨어졌다. 나머지 산적들이 칼을 들고 덤벼들었다. 백동수는 몸을 싹싹 피하다가 손날로 산적들의 목덜미를 후려쳤다. 산적들은 다 뻗어 버렸다. 백동수 아저씨의 무예가 끝내준다는 소문은 숱하게 들었지만, 진짜 보기는 처음이다. 정말 멋졌다.

## 6월 3일 역관 학생 조수삼

우리가 떠날 차비를 하고 있는데 누가 찾아왔다. 창대보다 한두 살 아래로 보였다. 그는 뚱선비께 공손히 인사했다.

"선생님의 명성은 익히 들어 왔습니다. 이제야 뵙고 인사

여쭙는 것을 용서하소서. 미천한 저는 역관 학생 조수삼이라고 하옵니다."

"조수삼이라, 네가 그 천재로구나. 나 또한 네 명성을 익히 들었느니라. 미래의 인재를 만나는 것은 언제나 큰 기쁨이다."

뚱선비는 자식뻘인 어린 역관 나부랭이를 친구처럼 맞이했다. 두 사람이 이 말 저 말 주고받는 것이 참 정다워 보였다. 무슨 얘기가 그렇게 재미난지 두 사람은 앉은자리에서 일어설 줄을 몰랐다.

"창대 형, 저 사람이 유명한 사람이에요?"

"유명하지. 저 나이에 벌써 중국 말, 왜국 말을 좔좔좔 한단다. 딴나라 말만 잘하나, 한문도 잘한단다. 양반집 도령들이 십 년을 공부해도 못 뗀다는 사서삼경*을 벌써 뗐다니까 말 다했지. 양반이 아니라는 게 유일한 흠이야. 역관의 자식으로 태어났으니 꼼짝없이 중인일 수밖에. 네놈이 종놈의 자식으로 태어나서 꼼짝없이 종놈인 것처럼."

수삼도 이번 사신단 중의 한 명이라는 것이었다. 역관들이 미래의 훌륭한 역관으로 키우려고 특별히 데려가는 학생이란다. 하지만 진짜로는 수삼이 웬만한 역관보다 중국말을 더 잘한다는 소문이 널리 퍼져 있단다.

우리 네 사람은 동행했다. 뚱선비와 수삼은 길 떠나서도 한참을 수다 떨었지만, 결국엔 조용해졌다. 얘깃거리가 떨어진 것일 수도 있겠지만, 뚱선비가 더워서 더는 떠들 힘이 없으신 것 같았다.

나는 용기를 내어 수삼에게 물었다.

"혹시 언문˙도 아세요?"

"알지."

수삼은 당연하다는 듯이 대답했다.

"혹시 저 같은 종놈도 언문을 배울 수 있을까요?"

"그럼! 종놈이지만 언문뿐만 아니라 한자까지 배워 훌륭한 글을 쓰신 분들이 여럿인걸. 뭘 배우려면 배우고자 하는 마음이 간절해야 돼. 너는 언문을 왜 배우고 싶은 건데?"

---

사서삼경 • 『논어』, 『맹자』, 『중용』, 『대학』의 네 경전과 『시경』, 『서경』, 『주역』의 세 경서를 아울러 이르는 말이다.

언문 • 세종대왕이 창제한 훈민정음은 속되게 언문으로 불렸다. 한글이란 명칭은 1910년대부터 사용되었다.

나는 울컥했다. 수삼이 이런 식으로 대답할 줄 알았다.
'너 같은 종놈 따위가 무슨 글을 배워. 헛생각하지 마.'
그런데 너무도 다정히 답해 주고 왜 배우고 싶은지 물어봐 주기까지 하다니.

나는 기뻐서 마구 떠들었다.

"제가 이야기를 되게 좋아하거든요. 시장에서 이야기꾼 아저씨들을 보면 다들 이야기책을 갖고 다니더라고요. 근데 그 이야기책이 한자가 아니라 언문으로 씌어 있다면서요? 저도 언문을 배워서 이야기책을 마음껏 읽어 보고 싶어요. 그리고요, 세상에서 저만 아는 얘기도 되게 많거든요. 언문을 배우면 저도 이야기책을 쓸 수 있지 않을까, 막 그런 엉뚱한 생각을 했거든요. 형님, 저한테 언문을 가르쳐 주시면 그 은혜 평생 잊지 않을게요."

조수삼은 흐뭇하게 웃었다.

"언문은 세상에서 가장 배우기 쉬운 글자야. 똑똑한 소년이라면 하루 동안에도 배울 수 있지."

"나, 되게 똑똑해요! 가르쳐 주시면 머리털을 잘라 짚신이라도 만들어 드릴게요."

수삼은 싫은 티를 하나도 내지 않았다. 수삼은 나뭇가지로 자모를 한 자씩 써 가면서 차분차분 가르쳐 주었다.

시샘이 났다. 조수삼은 중인으로 태어난 복도 모자라, 아는 게 많고, 못 쓰는 글자가 없고, 못하는 말이 없다.

나는 종놈으로 태어나, 아는 것도 없고, 할 줄 아는 외국말도 없고, 열세 살이나 먹도록 언문도 못 쓴다.

하지만 다시 기분이 좋아졌다. 한 살이라도 더 먹기 전에 언문을 배우게 되었으니까.


## 6월 4일 불쌍타와 왕방울

날벼락 같은 소리를 들었다. 사랑하는 우리 말 '불쌍타'와 작별해야 한다는 것이었다. 한양 홍제역부터 뚱선비님을 열흘 가까이 태우고 온 불쌍타. 얼마나 불쌍해 뵈면 내가 이름을 '불쌍타'로 지었겠는가. 열흘 동안 쳐다보고 걸었던 불쌍타의 엉덩짝이 내 동생 얼굴만큼이나 정다웠다.

"안 돼요! 불쌍타를 버릴 수 없어요. 우리는 가족 같은 사이잖아요. 선비님, 제발 우리 불쌍타랑 그냥 가요. 우리랑 얼마나 정들었는데 버린단 말이에요."

창대가 내 머리통에 꿀밤을 먹였다.

"요놈아, 뭘 좀 알고 고집을 피워라!"

"왜 때려요. 나날이 똑똑해지는 머리 도로 나빠지면 책임질 거예요?"

"요놈아, 괜히 나라에서 말을 바꿔 주겠니? 말이 열흘 동안 고생하고 힘들었잖아. 그러니까 쉬게 해 줘야지. 불쌍타 혼자서 나리를 의주까지 태우고 가고, 또 의주에서 연경까지 태우고 간다고 해 봐라. 불쌍타가 힘들어서 견딜 수 있겠니?"

"우리 사람은 그렇게 갈 거잖아요? 말이 사람보다 더 튼튼하잖아요! 사람이 되는데 말은 왜 안 된다는 거예요?"

뚱선비가 껄껄 웃고는 말했다.

"말은 나를 태우고 가잖느냐? 사람보다 곱절은 힘들 게야."

"저도 짐을 잔뜩 메고 있는걸요?"

"말과 같은 짐승은 기후와 환경에 민감하니라. 한양 말은 북쪽 기후에 적응을 못하여 쉬이 병들 것이다. 저 말이 북쪽으로 가다가 병들어 죽으면, 네놈이 책임질 것이냐?"

작별을 받아들일 수밖에 없었다.

말 바꿔 주는 곳으로 갔다. 남아 있는 말은 달랑 한 마리였다. 고르고 자시고 할 것도 없게 되었다.

홀로 남은 암말은 멀쩡하게 생겼다. 눈은 방울처럼 둥그스름했다. 걸음도 되게 빠를 것 같았다. 그러나 몸집이 몹시 작았다. '불쌍타'보다도 작았다.

창대가 말 바꿔 주는 역졸에게 따졌다.

"너무 작지 않소? 이건 뭐 당나귀 같잖아. 이 작은 놈이 저 뚱뚱한 선비님을 태우고 어찌 멀고 먼 의주까지 간단 말이오?"

뚱선비는 무안한지 헛기침을 했다.

말이 대가리를 창대에게 들이대며 발길질을 했다. 작은 고추가 맵다는 말도 못 들어 봤느냐고 화를 내는 듯했다.

역졸이 불퉁거렸다.

"그러기에 누가 늦으랬나. 다른 양반 나리들은 새벽부터 줄 서서 골라들 가셨구만. 꼴찌로 나타나서 뭘 바라. 말이 남아 있는 것만도 다행이지."

어쩔 수 없이 작은 말을 타고 가기로 했다. 나는 단박에 말의 이름을 지었다. 눈이 왕방울 같으니 '왕방울'.

뚱선비는 불쌍타에서 내려 왕방울에 올라탔다.

나는 불쌍타의 목덜미를 끌어안고 작별 인사를 했다.

"정말 고생 많았어! 푹 쉬었다가 한양으로 잘 돌아가거라."

불쌍타는 내 말을 알아듣기라도 했는지 큰 머리를 끄덕였다.

왕방울에게는 반갑다는 인사를 건넸다.

"너를 타고 다닐 선비님이 좀 무거워. 네가 참고 잘 견뎌 줘. 말고삐 끄는 창대 형은 기분 나쁘면 머리통에다 꿀밤을 먹이거든. 맞고 싶지 않으면 말 잘 들어야 할 거야. 나는 종놈 장복이야. 힘든 거 있으면 나한테 말해. 내가 다 들어 줄게."

"네놈 말을 말이 알아듣기라도 하느냐?"

뚱선비가 어이없어했다.

"그러믄입쇼. 소인이 진심으로 말하는데 못 알아들을까요. 그렇지, 알아들었지? 왕방울아?"

왕방울은 알아들었다는 듯이 힝힝거렸다.

2부

평양에서 의주까지

## 6월 5일 광대 달문이

　사신단이 평양에서 하루 쉬었다. 뚱선비를 모시고 평양성의 이름난 곳들을 구경했다.
　해질 무렵이었다. 주막으로 돌아가는 중인데, 길거리가 어째 부산스러웠다. 양반·중인·상민·노비, 늙은이·젊은이·여자·어린애 할 것 없이 모두들 어디론가 막 달려가고 있었다. 훌륭한 구경거리가 있다고 했다.
　말 타지 않은 뚱선비의 걸음걸이는 자라랑 비슷했는데, 구경거리가 있다는 말을 듣자 갑자기 토끼처럼 빨라졌다. 나보다 더 빠르게 달렸다.
　평양성 사람들은 죄다 모인 것처럼 시끌벅적했다. 양반이 좋기는 좋았다. 누가 봐도 양반 같아 뵈는 뚱선비가 밀고 들어가니 상것들이 길을 비켜 주었다. 우리는 맨 앞에서 구경하게 되었다.
　죽 둘러보니 사신단의 높으신 분들도 죄다 나와 있었다. 저쪽에 창대도 보였고, 역관 학생 조수삼도 보였다. 호위무사 백동수 아저씨도 보였다.

뭘 보겠다고 이리도 몰려 있는 것이지?

사람들이 빙 둘러싼 공터에는 아무도 없었다. 그저 땅바닥에 장대 열 개가 어른 팔 벌린 너비 간격으로 꽂혀 있을 뿐이었다.

악, 까무러칠 뻔했다. 가장 가운데 장대 꼭대기에 사람이 서 있었다. 그 사람은 노인 같기도 했고 꼬마 같기도 했다.

뚱선비가 놀라워했다.

"달문이가 살아 있었구나!"

"달문이? 저분이 달문이시라고요?"

달문이를 모르면 한양 사람이 아니다. 어른들은 툭하면 달문이 얘기를 했다. 줄타기를 잘하는 누구, 판소리를 잘하는 아무개, 잘 뛰어오르는 모모, 소리 흉내를 잘 내는 뭐시기, 춤을 잘 추는 거시기, 재담 잘하는 머시기 등등, 놀이판에서 알아주는 사람이 몇몇 있다. 그들이 재주를 보인다고 하면 한양 사람들은 우르르 달려간다. 나도 여러 번 보았다. 나는 다 신기하고 놀라웠는데 어른들은 아쉬워하는 거였다.

"달문이한테는 안 되겠구먼!"

달문이는 줄타기도, 판소리도, 뛰어오르기도, 재담도, 소리 흉내도, 춤도 조선에서 제일 잘한다는 것이었다. 한 십 년 전에 달문이는 갑작스레 사라졌단다.

가슴이 벅차올랐다. 전설로만 듣던 달문이를 한양도 아닌 평양에서 보게 되었다.

내가 보고 있는 게 진짜인가? 혹시 꿈이 아닌가?

가운데 장대 끝에서 문득 달문이가 솟구쳤다. 하늘 높이 뛰었다가 다시 장대 끝에 내려앉은 것만으로도 기가 막혔다. 달문이는 열 개의 장대 끝을 뜀박질하며 왔다 갔다 했다. 휙 솟구쳐 올라 하늘에서 동그라미를 그리기도 했다.

구경꾼들은 저도 모르게 탄성을 질렀고 손뼉을 쳤다. 나도 손뼉이 부서져라 쳤다. 다시는 이런 구경을 못 할 테다!
달문이가 멈췄다. 벌써 끝이란 말인가?
어디선가 개 짖는 소리가 들렸다. 진짜 개 소리인 줄 알았는데, 실은 달문이가 낸 소리였다. 별의별 개 소리를 다 흉내 냈다. 배가 고파 낑낑거리는 소리, 도둑을 쫓느라 사납게 짖는 소리, 저희들끼리 즐거워하는 소리, 깊은 밤에 홀로 짖는 소리…….
갑자기 평양성에 있는 개란 개는 다 몰려와서 짖어 대었다. 달문이는 개 두목 같았다. 개들 때문에 한바탕 난리가 났다. 달문이가 또 어떻게 짖자, 개들이 싹 물러갔다.
달문이가 말 소리를 내자 사방에 있던 말들이 힝힝거렸다. 달문이가 새 소리를 내자 온갖 새들이 날아와 춤을 추었다. 달문이는 새들과 더불어 춤을 추었다. 장대 끝을 학처럼 옮겨 다니며 곱사춤, 기생춤, 양반춤, 말뚝이춤, 생전 처음 보는 춤, 춤이란 춤은 다 추었다. 칼을 뽑아 들더니 검무도 추었다.
어른들은 달문이 나이를 잘 몰랐다. 서른 살밖에 안 되었다, 환갑은 되었다, 백 살도 넘었다, 티격태격 다투어도 결론이 안 났다. 내가 봐도 나이를 가늠할 수 없었다.

달문이가 사람 같지 않고 신선 같았다.

달문이는 동서남북을 향해 허리를 꾸부렸다. 구경꾼들에게 인사하는 것 같았다. 달문이가 소리쳤다.

"달문이, 한세상 잘 놀다 가오!"

달문이가 장대 끝을 달려 붕 뛰었다. 서쪽에 있던 나무 꼭대기로 올라간 것까지는 보였는데, 갑자기 보이지 않았다. 마치 노을 속으로 사라진 듯했다. 모두들 입을 벌리고 저무는 해를 바라보았다.

## 6월 7일 고기잡이

뚱선비는 고을 관아에서 내준 숙소를 좋아하지 않았다. 다른 양반들과 같이 자는 게 싫은 모양이었다. 그래서 주막에서 잘 때가 많았다.

숙천 고을에서도 어느 주막에 짐을 풀었다. 주막 앞에 시냇물이 맑게 흘렀다. 창대와 나는 싹 벗고 시원하게 멱을 감았다. 뚱선비는 우리가 노는 것을 구경만 했다.

"선비님도 홀딱 벗고 들어오세요. 되게 시원합니다!"

"이놈들아, 양반 약 올리지 말고 고기나 잡아 보아라. 길 떠난 지가 언젠데 매운탕 한 번을 못 먹어 봤잖느냐."

왜 그 생각을 못했을까. 하기는 그간에는 별로 여유가 없었다. 하루에 팔십 리, 백 리씩 걸었다. 아침 일찍 출발해도 해 떨어진 뒤에야 도착했다. 평양에서부터는 하루에 오십 리씩만 걸으니 짬이 생긴 것이다.

주막에서 그물을 빌려 왔다. 한양에서 고기 잡던 실력은 시골에서도 통했다. 창대는 그물을 대고, 나는 몰았다. 붕어처럼 맛없는 고기와 작은 놈들은 잡지 않았다. 잉어, 메기로만 잡았는데, 손바닥만 하게 씨알 굵은 놈으로 쉰여섯 마리를 잡았다. 우리가 하는 걸 보고, 사신단의 종놈들이 죄다 뛰어들어 냇물을 헤집고 다녔다.

저녁이 되자, 관아 숙소와 주막마다 매운탕이 펄펄 끓었다. 물론 우리 매운탕이 가장 푸짐했다. 뚱선비는 우리끼리 먹기는 재미없으니 사람들을 불러오라고 했다. 선비님처럼 자제군관인 양반님들을 모시고 오라는 소리인 줄 알았다.

"이놈아, 양반 놈들하고 무슨 재미로 매운탕을 먹는단 말이야. 백동수와 김홍도 그리고 수삼이를 불러오란 말이다."

뚱선비는 자기도 양반이면서 같은 양반이랑 노는 것을 재미없다고 말하는 것이었다. 그러고 보니 선비님이 다른 양반 나리와 어울리는 것을 좀체 보지 못했다. 조선에서 무예가 제일 뛰어나다는 서얼 백동수 아저씨, 조선에서 그림을 제일 잘 그린다는 중인 김홍도 아저씨 그리고 조선에서 제일 머리가 좋다는 중인 수삼 형 같은, 지체˙는 낮더라도 뭔가에 매우 뛰어난 이들과만 어울렸다.

백동수를 졸졸 따라오는 내 또래 계집아이가 있었다.

뚱선비와 나리들은 시냇물이 내려다보이는 평상에 상을 펴고 매운탕을 먹었다. 창대와 나는 풀밭에서 심부름을

---

지체 • 어떤 집안이나 개인이 사회에서 차지하고 있는 신분이나 지위를 말한다.

해 가며 먹었다.

계집아이는 백동수 가까운 곳에서 무릎을 꿇고 있었다.

"저 아이는 왜 저러는 건가?"

"저한테 검술을 가르쳐 달라고 저런답니다."

뚱선비님은 호기심이 생긴 모양이었다.

"너는 검술을 배워서 무엇에 쓰려고 하느냐?"

계집아이가 씩씩한 목소리로 대답했다.

"저희 아버님은 모함을 당해 억울하게 돌아가셨습니다. 저는 검술을 배워 아버님을 모함하여 죽인 원수 놈들을 모조리 죽여 없앨 것입니다."

뚱선비는 껄껄 웃고 백동수는 야단치듯 말했다.

"아직도 모르겠느냐? 네가 계집이고 어려서 못 가르쳐 주겠다는 것이 아니라, 네가 사람을 죽이고자 한다니 가르쳐 줄 수 없는 것이다."

"저는 무사님을 따라 압록강까지 갈 것입니다. 그때까지도 제자로 받아 주지 않으시면 압록강 푸른 물에 빠져 죽고 말 것입니다."

모두가 한참을 웃었다.

나도 실컷 웃었다. 계집아이가 나만 무섭게 째려보았다. 나는 섬뜩해서 웃음을 그쳤다. 여자가 무서워 보이기는 생전 처음이다.

뚱선비가 백동수에게 물었다.

"재능은 있어 뵈는가?"

"재능은 타고난 몸입니다. 골격도 좋고 움직임도 날렵합니다. 무엇보다도 인내와 끈기가 있어 뵙니다."

"그럼 가르쳐 주지 그러나?"

"어찌할 바를 모르겠습니다."

밤은 그렇게 흘러갔다. 하늘에서는 밤송이 같은 별들이 반짝였다. 산속 냇물은 우렁차게 흘렀다. 뚱선비와 나리들은 시를 읊고, 노래를 했다. 그렇게 분위기가 무르익었다.

무릎 꿇고 버티던 계집아이가 슬그머니 창대와 내 곁으로 왔다. 우리는 같이 놀았다. 우리 같은 천한 것들끼리도, 얼마든지 재미나게 떠들 만한 얘기가 많았다. 계집아이 이름은 난향이었다. 원래는 양반 가문의 딸이었다면서, 양반집 마님처럼 말하는 것이 되게 우스웠다.

## 6월 8일 일지매

평양을 떠난 이후 산골만 거쳤는데, 안주성은 달랐다. 번듯한 기와집이 출렁거리듯 많았고 사람들이 득시글했다.

성 밖에 사는 부자 양반이 똥선비를 초대했다. 젊은 시절 함께 과거 공부를 한 사이랬다. 똥선비는 과거를 포기하고 글 쓰면서 벗들과 놀고먹는 걸로 살았다. 반면에 부자 양반은 과거를 포기하고 돈 버는 걸로 살았단다.

과연 부자 양반의 집은 으리으리했다. 한양에서 보던 부잣집 못지않았다. 종놈도 서른 명이 넘었다. 부리는 농사꾼이 오백 명도 넘는다나. 부자 양반은 잘사는 자랑이라도 하고픈 건지 거의 잔칫상을 차렸다.

창대와 나도 신이 났다. 똥선비님 모시고 다니는 보람이 느껴졌다.

근데 정말 눈부시게 아름다운 젊은 선비 하나가 찾아왔다. 내가 양반이고 선비고 꽤 보았지만, 참말로 잘생기셨다.

"팔도 유람 중인 성균관 유생인데, 잔칫집을 지나칠 수 없어 찾아왔습니다."

부자 양반과 뚱선비는 기꺼이 손님을 받아들였다. 두 분만 있을 때는 왠지 서먹서먹한 분위기였다. 젊은 선비가 끼자 분위기는 매우 좋아졌다.

구경하는 우리도 즐거웠다. 젊은 선비는 목소리가 참 좋았다. 젊은 선비가 시조를 읊조리자 계집종들이 자지러졌다.

분위기가 한창 무르익었을 때였다. 갑자기 밖이 시끌벅적했다. 종놈들이 하얗게 질려서 들어왔다. 산적 놈들 수십 명이 집을 둘러싸고 있다는 것이었다.

젊은 선비가 다 들리게 소리쳤다.

"나는 너희 같은 썩은 양반이 아니다. 일지매란 도둑이다!"

종놈 여남은 명이 도둑이란 소리에 놀라 달려들었지만, 일지매가 휙휙 날아다니자 모두 나가떨어졌다. 밖에 있던 도적들이 담을 획획 넘어왔다. 삽시간에 종놈들은 모조리 묶여서 무릎 꿇려졌다.

일지매가 부자 양반에게 물었다.

"당신이 아무리 깨끗하게 재물을 모았다 해도, 당신 때문에 가난해진 사람들이 많을 것이오. 아니 그렇소?"

"나는 나쁜 짓으로 부자가 된 게 아닐세."

"부자들은 다 그렇게 말하지만, 당신 때문에 피눈물 흘린 사람이 수천 명은 될 것이오. 나는 당신의 재산을 빼앗아 가난한 사람들에게 나눠 줄 것이오."

"나는 억울하네."

"손님을 빙자하여 당신과 여러 말을 나눠 보았던 즉, 당신은 그렇게 못된 부자는 아닌 듯하오. 하여 뭐든지 절반만 가져가겠소."

우리는 모조리 방에 갇혔다. 덕분에 나는 양반집 방을 다 구경해 보았다. 나는 재수가 좋게 계집종들과 같은 방에 처넣어졌다. 이상한 일이다. 예쁜 누나들 사이에 있건만 어째 어제 만난 난향이 얼굴만 그리운 것이었다.

풀려난 뒤에 부자 양반이 살살이 살펴보고는 중얼거렸다.

"정말이지 딱 절반씩만 가져갔네 그려. 곡식이 천 석 있었는데 오백 석만 가져갔고, 엽전도 십만 전이 있었는데 오만 전만 가져갔어. 금붙이며 패물도 반만 가져갔고, 밭문서와 논문서도 반만 가져갔네 그려."

뚱선비가 위로했다.

"좋은 일에 썼다고 생각하게. 일지매란 도적놈이 자네에게 빼앗은 것을 가난한 사람들에게 베푼다 하지 않았나. 자네가 베푼 것이나 마찬가지일세."

돌아올 때 뚱선비님이 우리에게 말했다.

"일지매란 도적놈, 참말로 멋지지 않느냐?"

내가 하고 싶던 바로 그 말이었다. 나는 소리쳤다.

"선비님, 저도 일지매처럼 훌륭한 의적이 되고 싶어요!"

뚱선비는 기가 막히는지 너털웃음을 터뜨렸다.

창대가 궁금해서 못 견디겠다는 듯 여쭈었다.

"선비님, 일지매의 무예가 끝내줬지 않습니까. 백동수 무사님이랑 일지매랑 붙으면 누가 이길까요?"

뚱선비님이 그거 참 재밌겠다는 듯이 맞장구를 쳤다.

"참으로 볼만한 구경거리겠구나!"

## 6월 9일 유구국 공주님

역관 학생 수삼 형을 찾아갔다. 수삼은 어떤 사람과 '콸라콸라' 하고 있었다.

"이분은 공주님이시다. 인사 드리거라."

공주라고? 수삼 앞에 있는 사람을 자세히 들여다보니 여자 같기는 했다. 옷차림도 별쭝맞고 생긴 것도 어딘가 모르게 이상했다. 한마디로 말해서 우리나라 사람 같지가 않았다.

어쨌든 나보다는 댓 살 위인 듯하고, 신분도 높은 것 같아서 여자에게 허리 숙여 인사는 올렸다.

"이분은 우리나라 공주님이 아니라 유구국 공주님이시다."

깜짝 놀랐다. 나는 이런 전설을 들은 바 있었다. 제주도보다 훨씬 먼 바다 끝에 섬나라가 있다. 그 섬나라는 조선의 자랑스러운 의적 홍길동께서 세운 나라다. 홍길동은 조선의 도적들을 이끌고 배 타고 유구로 갔다. 가서 율도국을 세웠다. 율도국에는 종놈도 없고 굶주리는 사람도 없다.

모두가 홍길동이란 뛰어난 왕이 계셨기 때문이다. 지금도 홍길동의 자손들이 그 나라를 잘 다스리고 있다.

"이분이 홍길동 나라 공주님이시라고요?"

수삼은 내 물음에 대답하지 않고, 공주에게 콸라콸라 했다. 다 듣고 나서 공주가 호호 웃더니 나를 보면서 콸라콸라 했다. 수삼이가 통역을 해 주었다.

"네가 참 잘생겼다는구나."

칭찬에 기분 나쁠 사람이 어디 있겠는가.

내 귀에 '콸라콸라'로 들린 말은 유구국 말이라고 했다.

공주는 조선 종놈과 말해 보는 것이 처음인 모양이었다. 조선 종놈은 어떻게 사는지 꼬치꼬치 캐물었다. 나도 유구국 공주로 사는 것에 대해서 무척 궁금했다. 공주와 나는 서로 번갈아 가며 궁금한 것을 물어보고 대답해 주었다. 통역하는 수삼은 입 쉴 틈이 없었다.

우리는 서너 시간이나 즐겁게 이야기했다. 이렇게 얘기가 잘 통할 줄은 몰랐다.

공주는 청나라 귀족에게 시집을 가게 돼 있었다. 배를 타고 중국에 가다가 태풍을 만났다. 표류하다가 우리나라

서해안에 닿았다. 배는 아주 못쓰게 되었다. 선원들은 대부분 죽거나 병들었다. 공주는 조선 임금께 간청하여 사신단에 끼게 된 것이었다. 이번 역관 일행 중에 유구 말을 할 줄 아는 사람은 조수삼뿐이었다. 그래서 수삼이 공주 일행을 돕고 있었다.

"공주님, 얼굴도 모르는 중국 왕자에게 시집간다고요? 그런 게 어디 있어요. 내 생각에 수삼이 형이 바로 일등 신랑감이에요."

공주님 얼굴이 빨개졌다. 수삼의 얼굴도 빨개졌다.

나는 괜히 좋아서 중매쟁이처럼 말했다.

"얼굴 홍당무 되는 것부터가 천생연분이구만요."

나와 난향이도 천생연분이 아닐까! 엉뚱한 생각에 내 얼굴도 빨개졌다.

## 6월 10일 만남과 이별

청천강 나루터에 닿았다.

뚱선비가 느닷없이 물었다.

"살수대첩*이라고 들어 보았느냐?"

"그러믄입쇼, 을지문덕 장군께서 수나라 오랑캐 수십만을 물고기 먹이로 만든 끝내주는 승리였잖습니까?"

"저 강이 바로 살수이니라!"

그저 '청천강'인 줄 알았을 때는 별 볼 일 없어 보였는데, 대첩을 이룬 '살수'라니까 확 달라 보였다.

나루터가 시끌벅적했다.

중국 황제님께 새해 인사 갔던 '동지사'가 돌아왔단다. 작년 동짓달에 떠났던 사신단이 반년도 훨씬 지나 돌아오는 것이다. 그렇다면 중국 황제님 칠순 축하하러 가는 우리 사신단은 여름에 떠나니까 겨울에나 돌아오게 된다

---

살수대첩 • 612년(고구려 영양왕 23년)에 고구려와 중국 수나라가 살수에서 벌인 큰 싸움. 수나라의 양제가 고구려를 정복하려고 200만의 대군을 인솔하고 쳐들어왔으나, 을지문덕 장군이 지휘한 고구려 군사가 살수를 건너온 수나라의 별동대 30만 5000여 명을 몰살하였다.

는 거다. 새삼 내가 얼마나 먼 길을 가고 있는 건지 깨달아졌다.

돌아온 사신단과 떠나는 사신단이 뒤섞이니 한양의 난장판 저리 가라 할 만했다. 돌아온 사람 400여 명, 떠나는 사람 300여 명, 거기다 마중 나오고 배웅 나온 사람 수백 명, 한마디로 '사람 천지'였다.

높으신 분들은 산언덕의 높은 정자로 가서 반가움을 나누었다.

아랫것들은 아무 데서나 얼싸안으며 반가워했다.

사신단에 끼어 중국 다니는 것으로 먹고사는 사람들끼리는 서로 잘 안다고 했다. 역관은 역관끼리, 무사는 무사끼리, 짐꾼은 짐꾼끼리, 경마잡이는 경마잡이끼리, 종놈은 종놈끼리. 아마 말들도 말들끼리 서로 잘 알 테다.

여기저기에서 가족 상봉도 이루어졌다. 돌아온 아버지가 떠나는 자식을 만났고, 돌아온 아우가 떠나는 형과 만나는 것이다. 근 반년 만에 만났는데, 또 금방 헤어져 반년 후에나 다시 만나게 될 텐데, 만약 지금 온 사람이 또 다른 사신단에 끼게 된다면, 이 청천강 나루터에서나 또 잠깐 만나게 되는 건가?

나는 괜히 성질이 났다.

"젠장, 옛날에는 쳐들어오는 오랑캐를 무찔러 강에다 처박을 만큼 우리가 셌는데, 지금은 이게 뭐야! 오랑캐들한테 조공이나 바치러 다니고!"

정말이지 가슴이 아팠다. 종놈이 나라 생각하는 게 우습기는 하지만, 생각하지 않으려고 해도 생각이 되었다. 수나라, 당나라랑 싸워 이겼던 고구려 때 얘기를 들으면 한없이 자랑스러웠다. 그러나 임진왜란 때 왜놈들한테 당했던 얘기며, 병자호란 때 청나라 놈들한테 박살 난 얘기를 들으면 분해서 피가 막 끓어오르는 것이었다.

뚱선비가 말했다.

"바친 만큼 받아 오잖느냐? 중국이 필요로 하는 물건을 갖다 주고, 조선이 필요로 하는 물건을 받아 오는 것이다. '조공'은 일방 바치는 것이 아니라, 서로 주고받는 '무역'이니라."

무슨 말씀이신지 모르겠다. 별로 알고 싶지도 않았다.

창대도 가족 상봉을 하고 있었다. 중국에서 막 돌아온

형과 껴안고서 우는 것이었다. 돌아온 형은 쓰고 남은 돈이라면서 창대에게 주려 했고, 창대는 죽어도 받지 않겠다고 버텼다. 서로 양보하느라 다투는 형제의 모습이 참 눈물겨웠다.


## 6월 11일 종놈이 되겠다고?

딱 거지로 보이는 사람들이 울고불고 야단이었다. 대개 아낙과 어린아이들이었다. 우리도 한 가족에게 가로막혔다. 아낙은 뚱선비께 애걸했다.

"나리, 제발 저희 가련한 것들을 종놈으로 삼아 주십시오."

귀가 의심스러웠다. 종놈으로 삼아 달라니? 종놈 되기 싫어서 도망갔다는 얘기는 숱하게 들어 봤지만, 종놈 되고 싶다고 비는 사람은 처음 봤다.

아낙의 하소연을 듣고 보니 종이 되고 싶을 만도 했다.

아낙네는 찢어지게 가난한 상민이었다. 정주 근방의 금광에 가서 일하면 먹고산다는 소문을 따라 이사를 했다. 일은 고되었지만 한 삼 년, 가족이 먹고는 살았다. 재수가 없어, 남편은 동굴이 무너져 사고로 죽고 말았다. 아낙은 도저히 자식들을 혼자 먹여 살릴 수 없었다. 부잣집의 종이 되면 굶어 죽지는 않는다! 하여 아낙은 사신단에 낀 양반과 역관에게 종으로 받아 달라고 빌고 있었던 것이다.

"창대 형, 만약 종으로 받아 주면 중국까지 데려간다는 거예요?"

"멍청한 소리. 그게 아니고, 노비 문서를 만드는 거야. 부자 나리들이 노비 문서와 노잣돈을 주면, 종이 된 사람은 그걸 가지고, 한양에 있는 그 부자 나리 댁으로 찾아가는 거야. 부자 나리 댁에 가서 노비 문서를 보여 주면, 그날부터 그 집 종이 될 수 있는 거지."

"노잣돈만 받아먹고 도망가면요?"

"굶어 죽을까 봐 종이 되겠다는 사람이 왜 도망을 쳐?

목숨을 부지하기 위해서 종이 되겠다는 거잖아."

내 아버지는 종(외거노비˙)인 것을 별로 부끄러워하지 않았다.

'이놈아, 종놈 신세가 참 좋은 것이야. 상놈들은 환곡에 군포에 완전 죽어난다. 하지만 우리 종놈은 군대 면제니 군포를 내지 않아도 되고, 주인집에서 곡식을 대 주니 환곡에 시달릴 일도 없잖느냐. 먹고살 수만 있다면 종놈이 훨씬 나은 것이야.'

종이라도 돼서 굶어 죽지 않겠다는 딱한 사람들을 만나자 아버지 말이 이해가 되었다. 종놈보다 훨씬 사람다운 사람으로 뵈는 상놈, 그 상놈으로 사는 것도 꽤나 괴로운 것이었구나.

참 이상한 나라다! 양반 떨거지인 종놈은 배불리 살 수가 있고, 상놈은 일은 다하면서도 굶어 죽을 지경이라니.

뚱선비가 아낙에게 말했다.

---

외거노비 • 주인집에 거주하지 않고 독립된 가정을 가지면서 자기의 재산을 소유할 수 있었던 노비를 말한다. 주인의 토지를 경작하면서 조(租)만 바쳤다.

"미안허이. 나는 부자가 아닐세. 나도 양반이네만 먹고살 기가 벅차다네."

뚱선비가 찢어지게 가난한 양반인 것은 우리 동네 사람도 다 알았다. 이번에 연경 가는 노잣돈도 친구들한테 꾸셨다.

내가 말했다.

"선비님은 가난하지만 선비님의 친구 중에는 부자들이 많잖습니까? 제발 선비님 친구 분께 편지라도 써 주세요."

내 말이 지푸라기라도 되는 듯, 아낙과 여자아이는 더욱 서럽게 울며 선비님께 매달렸다.

"제발, 저희를 종으로 삼아 주세요!"

뚱선비는 허허 웃더니, 엽전 여남은 닢을 꺼내 아낙에게 던져 주었다.

"한양 밤골에 가서 장복이네를 찾아가거라. 내 중국에 다녀와서 찾으러 갈 테니, 그때까지 그 집에서 얻어먹고 있거라."

어처구니가 없었다.

"나리, 왜 우리 집으로 보내옵니까? 저희 집도 먹고살기가 얼마나 힘든데요?"

뚱선비는 내 말을 못 들은 체했다.

아낙과 계집아이들은 뚱선비와 나에게 열 번도 넘게 고맙다고 말했다.

좋은 일을 한 것 같기는 하지만, 아버지가 황당해할 것을 생각하자 뒤통수가 마구 가려웠다.

## 6월 12일 기생

선천 관아에서도 어김없이 잔치판을 마련해 놓았다. 양반들은 배불리 먹은 저녁이 꺼지기도 전에 잔칫상이 차려진 정자로 몰려갔다.

사신단이 점심때 들르는 고을 관아에서는 점심만 준비하면 된다.

사신단이 저녁때 닿는 고을 관아는 저녁 식사 말고도 잠잘 데까지 준비해야 한다. 심지어 다음 날 아침 식사도 준비해야 한다. 그것도 모자라 잔칫상까지 차리는 것이다.

"창대 형, 사신단 삼백 명을 두 끼니 먹이고 재우고 잔치판까지 벌이는 데 필요한 곡식과 음식과 돈이 얼마나 될까요?"

"넌 참 별 게 다 궁금하구나."

"그 곡식과 음식과 돈은 어디서 나오는 건가요? 나라에서 대 주는 건가요?"

"우리 임금님께서는 사신단이 고을 관아의 살림살이를 축내는 일이 없도록 하라고 신신당부하시지. 하지만 궁궐에서 하신 말씀이 시골구석에 통할 리가 없지."

"아하, 그럼 고을 사또님과 고을 부자님들이 십시일반으로 모아서 내겠군요!"

"그게 다 고을 사람들한테서 박박 긁어낸 거란 말이야. 고을 사람들한테서 빼앗아서 사신단을 먹이는 거지."

저녁으로 먹었던 맛있는 것들이 고을 사람들한테서 빼앗은 거라고?

나는 정자를 올려다보았다. 정자에는 사신단의 양반들

과 이 고을의 사또와 부자들이 한 스무 명 들어앉아 있었다. 뚱선비님도 저기 계셨다. 고을 사또 있는 자리에는 거의 안 가는 분이신데, 오늘은 양반 친구 분들에게 끌려가다시피 했다.

정자에서 풍악이 울렸다. 기생들이 춤을 추는 게 보였다. 잔치가 시작된 모양이었다.
 잔치판에는 어김없이 기생들이 있었다. 기생들은 화장을 하고 똑같이 차려입어 나이를 가늠하기가 힘들었다.
 정자에서 칼날이 번뜩였다. 뭔 일인가 했는데, 기생 넷이 칼을 들고 빙빙 돌고 있었다. 저게 바로 '기생 검무'라는 건가 보다.
 기생 하나가 넘어지면서 비명이 들렸다.
 우리 종놈들은 정자로 몰려갔다.
 기생 하나가 피로 흥건히 젖어 있었다. 춤추다가 넘어져서 제가 들고 있던 칼에 찔린 모양이었다. 아랫도리 쪽에서 피가 펑펑 나오고 있는데도 양반들과 다른 기생들은 비명이나 질러 대며 벌벌 떨고만 있었다.

아무도 나서지 않았다. 나라도 나서야겠다! 더러운 짚신 그대로 정자로 뛰어들었다. 기생의 치마를 벗겼다. 속바지도 벗겼다. 오른쪽 허벅지가 구멍이라도 난 듯 깊숙이 베어져 있었다. 기생이 입고 있던 속바지가 마침 무명천이었다. 속바지를 길게 찢어 세 가닥으로 만들었다.

가만, 소독을 해야 하지 않나! 술병 하나를 들어 기생 허벅지에 부었다. 기절한 기생이 깜짝 깨서 비명을 질렀다. 무명천으로 허벅지를 꽉꽉 동여 묶었다. 기생을 들쳐업었다.

"나를 의원으로 안내해 주세요!"

누군가가 일러 주는 대로 한참을 달려갔다.

의원이 그만 내려놓으라고 했다. 기생을 방바닥에 부려 놓고 나는 까무러쳤다. 기생은 새 깃털처럼 가벼운 줄 알았는데, 기생 역시 돌처럼 무거운 사람이었다.

### 6월 13일 바다

길이 갈라지는 곳에서 뚱선비가 말했다.

"여기까지 와서 바다를 보지 못한다면 말이 되겠느냐. 바다로 가자꾸나."

바람에서 짠 냄새가 났다. 언덕을 넘자 온통 짙푸른 세상이 펼쳐졌다. 하늘 아래 또 하나의 하늘이 있는 듯했다. 저것이 말로만 듣던 바다란 말이지? 가슴이 터질 것처럼 벅찬 기분에 휩싸여 주저앉고 말았다. 너무도 아름다웠다.

막연히 강을 여러 개 합쳐 놓은 것이 바다일 것이라고 생각해 왔다. 내가 본 한강에 대동강에 임진강에 청천강을 합쳐 놓은 게 바다일 것이라고 깔보았다. 내가 태어나서 처음 본 바다는, 강을 수만 개 합쳐 놓아도 견줄 수가 없는 넓이였다. 끝이 보이지를 않았다. 만약 저 멀고 먼 곳에 있는 허연 선이 바다의 끝이라면, 그 끝은 하늘과 맞닿아 있는 게 틀림없었다.

티끌처럼 작은 모래들이 햇빛을 깔아 놓은 것처럼 눈부셨다.

창대와 나는 백사장으로 뛰어갔다. 우리는 땀범벅이 된 저고리와 바지를 싹 벗어 버렸다. 알몸뚱이로 바닷물에 뛰어들었다.

벅벅대느라 바닷물을 잔뜩 들이켰다. 정말이지 짰다. 바닷물은 소금물이라더니, 거짓말이 아니었다. 바닷물에 익숙해졌다. 개구리헤엄, 송장헤엄, 내가 칠 수 있는 헤엄은 바닷물에서도 다 되었다. 시원했다. 쌓인 피로가 싹 풀리는 듯했다. 창대도 헤엄을 제법 쳤다.

이 좋은 재미를 선비님은 왜 모른 척하는가.

"나리, 겁나게 시원해요. 나리도 홀딱 벗으시고 바닷물에 몸을 담그셔요."

"이놈아, 양반 체면이 있지 어디서 벗으란 말이냐."

"보는 사람이 어디 있다고 그러세요?"

"여기가 소문난 곳이라더라. 언제 누가 와서 볼지 모른다."

"관두세요, 그럼. 저는 다시 퐁당 합니다요."

해가 떨어지고 어둑어둑해지자, 뚱선비도 바닷물에 들어왔다. 양반 체면이라는 것 때문인지 홀딱 벗지는 못하시

고, 속옷과 속바지를 입은 채였다. 뚱선비는 얕은 곳에 양반 다리를 하고 앉았다. 파도가 밀려와서 뚱선비의 몸을 적셨다.

뚱선비가 문득 소리쳤다.

"아이구, 시원하다! 에라, 모르겠다. 나도 홀딱 벗어야겠다."

## 6월 14일 전기수

나 혼자 용천 고을 장 구경을 했다. 내가 사는 한양에는 날마다 장이 서지만, 시골 고을에서는 닷새마다 한 번씩 장이 선다고 했다.

한 귀퉁이에 아이들이 여남은 정도 몰려 있었다. 비집고 들어가 보니, 초립을 쓴 노인이 책을 읽어 주고 있었다. 아, 한양에서 자주 보았던 전기수였다. 노인은 읽는 솜씨가 별로였다. 들어 보니,『흥부놀부전』인데 참 재미없게 읽었다.

한양에서 소설 읽어 주는 아저씨들은 판소리하듯 읽었다. 목소리도 갖가지였다. 슬픈 장면은 울 듯한 목소리로 읽었고, 싸움 장면은 무진장 화가 난 목소리로 읽었다. 어디 그뿐인가, 손짓 발짓까지 곁들였다.

시골 노인은 책 그대로 읽기만 했다. 목소리도 한 가지였고 몸짓도 없었다. 그래도 시골 아이들은 흥미진진한 얼굴로 열심히들 듣고 있었다. 노인이 기침을 심하게 했다. 가까스로 기침을 멈추었지만 더 못 읽겠는 모양이었다.

노인이 책을 덮어 버리자 난리가 났다. 아이들이 노인에게 달려들어 "어서 읽어 주세요!" "궁금해 미치겠어요!"라며 떼를 썼다. 놀부가 박타는 장면에서 그쳤으니 아이들이 궁금해 등쌀을 댈 만했다.

노인은 읽어는 주고 싶으나 도무지 읽을 힘이 없는 것 같았다. 시골 아이들이 안쓰러웠다.

나는 노인에게 말했다.

"할아버지, 제가 좀 읽어 봐도 될까요? 제가 언문도 알고 한양에서 전기수 아저씨들 읽는 것도 보고, 뭐, 그래서 자신이 있어요."

노인을 날 멀거니 바라보더니 책을 내주었다.

"그래, 한번 읽어 보아라."

조수삼에게 글자 배우고 열흘 남짓 딴은 열심히 공부했다. 조수삼이 평양성에서 『홍길동전』을 구해 주었다. 짬만 나면 『홍길동전』을 읽었고 그 책에 나온 글자를 땅바닥에 썼다.

그래서 자신만만했는데, 노인이 준 『흥부놀부전』을 들춰 보고는 아득해졌다. 내 『홍길동전』이랑 글씨가 너무 달랐다. 글씨 한번 되게 못 썼네. 책을 베끼려면 좀 또박또박 베낄 것이지 이게 대체 뭐라고 써 놓은 거야?

나는 가까스로 놀부가 박 따 가지고 와서 톱으로 켜는 장면을 찾았다. 더듬더듬 읽어 가는데 읽는 나도 짜증이 날 정도로 재미가 없었다. 꼭 적혀 있는 그대로 읽을 필요가 뭐 있어! 나는 책에 있는 말을 살짝 바꾸기도 하고, 막 바꾸기도 하고, 없는 말을 보태기도 하면서, 흥겹게 읽어 나갔다. 손짓 발짓도 마구 했다.

"자, 놀부가 불러온 째보랑 일꾼들이 드디어 박을 켜는데, (두 팔로 둥그런 모양을 그려 보인 뒤에) 이만하게 큰 박이란 말이여, 그냥 톱질하면 무슨 재미가 있겠어, 톱질 노래를 불렀지. (톱질 시늉을 해 가며 판소리하듯) 슬근슬근 톱질이야, 뭐가 나올라나. 당겨라, 밀어라, 톱질이야! 우리 놀부 어른, 조선에서 제일가는 부자가 되어라. 슬근슬근 톱질이야……."

『흥부놀부전』을 다 읽자, 아이들이 소리를 질러 대며 손뼉을 쳤다. 장터에 있던 아이들은 죄 몰려왔는지 한 서른 명으로 불어 있었다. 어른들도 한 열 명 있었다.

젊은 선비가 엽전 세 닢을 던져 주고는 말했다.

"아이들이 좋아하니, 한 권 더 읽어 보아라. 『홍길동전』이나 『전우치전』은 없는가. 아이들이 도적놈 이야기를 참 좋아할 게야."

아이들이 원하던 바라는 듯 입을 모아 외쳤다.

"읽어 줘, 읽어 줘, 읽어 줘!"

다른 어른들 서넛이 엽전 한두 닢씩을 던져 주었다. 전기수 노인이 내게 『전우치전』을 내밀었다.

내가 『전우치전』을 아무렇게나 내 마음대로 읽기를 마

쳤을 때, 거의 백 명에 가까운 사람들이 나를 둘러싸고 있었다. 모두들 잘 읽었다며 손뼉을 쳐 주고 칭찬을 해 주었다. 또 엽전 수십 개가 날아왔다. 노인이 이번엔 『박씨부인전』을 내밀었다.

장터가 파하고, 전기수 노인이 내게 엽전 꿰미를 내밀었다.

"네가 읽었으니 네가 번 것이다."

"아니에요, 저는 그냥 제가 재미있어서 읽은 거예요. 정말 재미있었어요. 이 돈은 그냥 할아버지 기침 고치는 데 쓰세요."

"그럼 우리 절반씩 나누자꾸나. ……너는 타고난 전기수구나. 나랑 장터를 돌아다니자. 너는 큰돈을 벌 수 있을 것이야."

노인에게 받은 돈을, 그때까지 안 가고 있던 거지 아이들에게 한 닢씩 나눠 주며 말했다.

"할아버지, 저는 중국에 가는 중이라 조선 돈이 필요 없어요!"

그런데 혹시 필요할지도 모르잖아! 나는 돈 나눠 주기를 멈추고 나머지를 챙겨서는 얼씨구절씨구 노래 부르며 주막으로 돌아갔다.

## 6월 21일 편지

뚱선비가 뭔가를 열심히 쓰셨다. 이 나라에서 글을 가장 잘 쓴다고 소문난 분인데, 그동안은 글 쓰는 걸 한 번도 보지 못했다. 못 쓰던 글을 한꺼번에 다 쓰려고 하시나? 암튼 나는 먹을 갈아 대느라 손바닥이 새까매졌다.
"네놈도 편지 한 장 쓰거라. 네 부모가 얼마나 걱정하고 있겠느냐?"
그러면서 뚱선비는 붓과 종이까지 내주는 것이었다.
울컥하여 떠벌렸다.
"저 같은 놈이 이런 귀한 종이에다가 이런 귀한 붓으로 막 써도 될깝쇼! 근데 써도 소용없습니다요. 제 아비 어미는 까막눈입니다. 언문도 몰라요."

"아는 사람한테 읽어 달라고 하면 될 것 아니냐?"

나는 종이 앞에서 붓을 들고 벌벌 떨었다. 땅바닥에 나무 꼬챙이로만 써 봤지, 붓을 들고 종이에다 써 본 적은 없다. 이 귀한 종이를 망칠 수는 없다. 한 번에 잘 써야 한다!

"저, 근데 편지라는 건 어떻게 쓰는 겁니까요? 처음에 무슨 말부터 써야 되는 겁니까요? 안녕하세요, 이렇게 시작하나요? 양반님들이 쓰실 때는 부모님 전상서, 뭐 이렇게 쓴다고들 하는데 저도 그렇게 시작할깝쇼?"

"우러나오는 대로, 쓰고 싶은 대로, 써라!"

"우러나온다니요? 뭐가요?"

뚱선비가 더는 대꾸해 주지 않았다. 뭔가를 더 가르쳐 주지도 않았다.

도대체 어찌해야 할 바를 몰랐다. 쓰고 싶은 말들이 한꺼번에 막 떠오르기는 하는데 어느 말부터 써야 할지 알 수가 없었다. 한참을 멍 때리고 있었는데, 갑자기 가슴속에서 뭔가 치밀어 오르는 기분이었다. 붓을 잡았다.

'아버님, 어머님 보셔요!'

이렇게 한 줄을 쓰자 그다음부터 막 써졌다.

아버님, 어머님 보셔요.

여기는 우리나라의 끝 의주 고을입니다. 멀리 오랑캐 산이 보입니다. 근데 우리나라 산이랑 뭐가 다른지 모르겠어요.

의주까지 오면서 수십 고을을 거치며, 너무 많은 것을 보았습니다. 별의별 사람을 다 보았습니다. 자세한 얘기는 집에 돌아가서 해 드릴게요.

의주는 말 천지입니다. 의주성 밖에서부터 의주성 안에까지 말 안 키우는 집이 없는 것 같아요. 지금까지 본 것만 해도 천 마리는 되는 것 같아요. 의주성은 평양성만큼 넓고 튼튼하고 멋집니다. 오랑캐로부터 국경을 지키고 있는 병사 아저씨들은 다들 잘 싸우게 생겼습니다.

뚱선비님은 제게 너무 잘해 주십니다. 야단도 거의 안 치십니다. 창대 형도 참 잘해 줍니다. 조수삼 역관은 저를 아우처럼 아껴 줍니다. 우리나라에서 무예가 가장 뛰어난 백동수 무사 아저씨도 만났고, 우리나라에서 그림을 가장 잘 그리는 김홍도 아저씨도 만났습니다. 일지매라는 도둑도 만났습니다. 심지어 유구국 공주님도 만났습니다. 난향이라는 웃기는 계집애도 만났습니다.

난향이는 씩씩하고, 어머니보다는 못하지만 되게되게 예쁩니다. 마음에 딱 드실 거예요. 난향이는 의주에서 저를 기다려 주기로 했어요. 작별 인사를 하는데 우리 둘이 얼마나 울었는지 눈이 솔방울만 해졌어요.

　의주 고을에 이레째 머무는 중입니다. 중국으로 가져갈 봉물이 다 안 도착했기 때문이래요. 하지만 이 편지를 아버님 어머님 보실 때에는, 소자 오랑캐 땅에 가 있을 것입니다.

　굶지 않고 잘 계시지요? 누나와 아우들도 밥 잘 먹고 있지요? 참, 아버지 편찮으신 건 다 나으셨는지요? 참, 행색이 초라한 아주머니와 아이들이 찾아갈 것입니다. 뚱선비님이 보낸 사람들이니 내쫓지 마시고 받아 주세요. 불쌍히 여겨 밥도 좀 나눠 주시고요.

　아직도 쓸 말이 되게 많은데, 종이가 꽉 찼네요. 급히 마무리 인사 올리겠습니다.

　소자, 중국에 잘 다녀올 테니, 아버님, 어머님도, 만수무강하고 있으소서.

다 쓰고 읽어 보니 엉망진창이었다. 글씨가 지렁이와 굼벵이가 달리기 경주하는 것처럼 정신 사나웠다. 틀린 글자가 수두룩했다. 이걸 누가 읽을 수 있을까. 아버지 어머니한테 이 편지를 읽어 줄 분을 믿을 수밖에 없다. 그분이 내 생각을 깜냥깜냥 짐작해서 술술 읽어 주기를 바랄 뿐이다.

3부

압록강을 건너 중국으로

## 6월 24일 압록강

오늘도 못 건널 뻔했다. 압록강은 까마득히 먼 백두산에서 시작된다는데, 거기에 큰 장마가 있는지 무지막지한 물이 내려왔다.

구룡정 나루터 하나만 온전하다고 했다.

사공들은 무서워서 못 건너겠다고 겁을 내고, 역관과 군관도 말렸단다. 하지만 사신단의 가장 우두머리인 정사 나리가 우겼단다. 무조건 오늘 건너야만 한다! 벌써 여러 날 지체되었다! 더 미적거릴 수 없다! 뭐, 정사 나리가 건너라면 건너는 것이지 무슨 말싸움이 더 필요했겠는가.

뚱선비가 변신했다. 그간 양반인지 중인인지 상놈인지 알 수 없을 정도로 대충 입었던 뚱선비가 처음으로 군관 복장을 했다. 군복을 갖춰 입었고 벙거지도 썼고 환도˙까지 찼다. 비로소 자제군관 같으셨다. 짜장 옷이 날개였다.

의주성의 북문에 이르렀을 때 소낙비가 내렸다. 뚱선비

---

환도 • 군복에 갖추어 허리에 차는 칼을 말한다.

는 경치 구경을 하겠다고 누각으로 올라갔다.

창대가 물었다.

"너 혹시 돈 같은 거 있니?"

"스물닷 푼이나 있어요. 장터에서 전기수 노릇 하고 번 돈이에요. 중국에 가서 맛있는 거 사 드릴게요."

"중국에 우리나라 돈 가지고 들어가면 큰일 난다!"

나는 저 멀리 주막임을 알리는 깃발을 발견했다. 막 뛰어가서 술 한 병을 사왔다. 뚱선비님께 바쳤다.

뚱선비는 술 한 잔을 가득 부어 누각의 첫째 기둥에 뿌리며 비는 말을 했다.

"이 몸이 무사히 강을 건널 수 있도록 도와주시구려!"

또 한 잔을 가득 부어 둘째 기둥에 뿌리며 말했다.

"창대와 장복이가 내내 건강하도록 도와주시구려."

나는 눈물이 핑 돌았다.

누각에서 내려온 뚱선비는 또 한 잔을 가득 붓더니, 말 앞에다가 뿌렸다.

"이 말이 내내 건강하도록 도와주시구려!"

날쌘이는 알아들었다고 대답하는 것인지, 술 냄새에 놀

란 것인지 힝힝댔다.
 참, 말을 바꾸었다. 왕방울과 이별하고, 새 말 날쌘이를 얻었다. 중국에 여러 번 다녀온 경험 많은 말이라고 했다.

 구룡정 나루터.
 의주 나졸들이 짐을 검사하고 있었다. 검사에도 차별이

있었다.

삼사(정사, 부사, 서장관)와 군관과 역관 같은 높으신 분들은 짐 보따리 풀어 보는 것으로 끝이었다. 나머지 사람들은 샅샅이 검사했다. 짐을 다 풀게 하고는 상자 속과 그릇 속까지 들여다보았다. 이불 속도 보고 옷 속도 보았다. 사람 역시 속옷까지 벗게 하고는 똥구멍까지 들여다보는 것이었다.

창대가 불퉁거렸다.

"다 쓸데없는 짓이야. 진짜 밀무역하는 놈들은 벌써 강을 넘어가 있지. 여기서 잡힐 바보 멍텅구리가 어디 있어?"

"그럼 왜 검사하는 거예요?"

"그래도 안 할 수는 없잖니. 가끔 걸리는 멍청한 놈이 있기는 해. 저기 봐라. 한 놈 잡혔다."

한쪽 검사대에서 종놈 하나가 잡혔는데, 종놈은 자기 짐에 왜 이게 있는지 모르겠다고 잡아뗐다. 종놈은 가진 것을 빼앗기고 물푸레나무로 엉덩이를 열 대나 얻어맞았다. 맞은 것도 억울한데 중국이 아니라 의주 감옥으로 가게 된다니, 참 가여웠다.

뚱선비와 창대가 먼저 짐 수색을 당하고 내 차례가 되었다.

"키 크고 수염 없고 흉터 없는 열세 살 한양 장복이, 홀랑 벗고, 짐을 풀어 보아라!"

내가 가진 게 뭐 있나, 무사히 통과되었다.

유구국 공주는 어떻게 검사당할지 참 궁금했다. 사신단에 낀 유일한 여자가 아닌가! 설마 여자까지 홀랑 벗겨서 뒤져내지는 않겠지? 공주는 양반급 대접을 받아서 별 검사도 없이 그냥 통과되었다. 괜히 걱정했다.

준비된 배는 겨우 다섯 척이었다. 먼저 방물과 말과 마두와 경마잡이부터 건넜다. 그 바람에 창대가 먼저 가게 되었다.

드디어 뚱선비님과 나도 배에 탔다.

"왜 압록강이라고 부르는 줄 아느냐? 오리 압(鴨)에 푸를 록(綠), 강이 오리 모가지처럼 길고 강물이 푸르다는 뜻이니라."

푸르기는! 완전 진흙탕 같았다.

물길이 급하고 보니, 배는 쏜살같이 내달렸다. 내려오는 물길에 떠밀리기도 하여 배가 휘청대니 세상이 빙빙 도는 듯했다. 모래펄에 작별 나온 의주 사람들이 콩알만 했다. 비로소 우리나라를 떠나고 있다는 느낌이 들었다.

배는 어느새 맞은편 언덕에 닿았다.

여기가 바로 오랑캐 땅이란 말인가. 중국 땅이란 말인가.

감격할 새도 없이 다른 종놈들을 따라 질퍽질퍽한 진창을 달렸다. 우리나라 쪽은 모래벌판이었는데, 중국 쪽은 진흙 펄이었다. 괜히 종놈이 아니다. 우리는 갈대를 베어다가 깔고 그 위에 다시 멍석을 깔아 양반이 진흙 안 묻히고 상륙하도록 받들었다.

그런데 먼저 건너갔던 배도 보이지 않고 그 배에 탔던 말과 마두도 보이지 않았다. 살펴보니 엉뚱하게도 섬에 있었다.

저 위에서 무지하게 큰 뗏목들이 내려왔다. 뗏목에 탄 것은 중국 사람인지 웃어 대며 쏼라쏼라 했다. 무슨 말인지 모르겠지만 우리를 비웃는 소리임에 틀림없었다. 나는 놈들에게 종주먹을 들이대었다.

엉뚱한 섬으로 간 말과 사람을 다시 데려오랴, 아직 못 건너온 사람들을 데리러 가랴, 이 진창 기슭을 빠져나가랴, 사신단은 뒤죽박죽이었다.

와중에 엉덩이를 까 내리고 곤장을 맞는 사람도 있었다. 배들을 엉망으로 이끈 의주 군관이었다. 정사 나리가 화가 나서 꾸중의 매를 때리게 한 것이었다.

말과 마두와 경마잡이들이 가까스로 건너왔다. 나는 창대와 얼싸안았다. 잠깐 못 보았을 뿐인데 한 십 년 헤어졌던 것처럼 반갑기 그지없었다.

군뢰들이 칼로 갈대를 베거나 눕혀 길을 내었다. 끝없는 갈대밭이었다. 한강에도 갈대밭 우거진 데가 있지만, 견줄 바가 아니었다. 한양 갈대보다 훨씬 두껍고 억세고 큰 갈대가 거의 나무숲을 이루듯 펼쳐져 있었다.

뚱선비가 칼을 뽑더니 갈대 한 꼬치를 베어서는, 자세히 들여다보았다.

"껍질은 여물고 속살은 두터우니 화살 만들기에는 소용이 닿지 않겠구나. 붓대로나 쓸 만하겠어."

누가 글 쓰시는 분 아니랄까 봐.

십 리를 가니 또 강이 나타났다. 압록강보다는 훨씬 작아 보였다. 임진강쯤 될까. 강물이 비단결처럼 고왔다. 진흙탕 같은 압록강하고 불과 십 리 떨어져 있는데 이렇게 다를 수가 있다니.

 다시 배를 타고 강을 건넜다. 강물이 편안해서 이번엔 멀미도 나지 않았다.

 구련성에 닿았다. 지금은 성이 없고, 옛날에 성이 있던 자리라고 했다.

 풀이 우거진 곳곳에 장막을 쳤다. 나무를 베어다가 울타리도 둘렀다. 맹수가 올지도 모른다고 그물도 쳤다. 막내인 내가 제일 바빴다. 만만한 게 나여서 여기저기서 나를 불러 댔다.

 잠자리를 마련한 다음엔 먹을거리를 마련해야 했다. 냇가에서 닭 잡는 패, 쌀 씻어 밥 짓는 패, 그물로 고기 잡는 패, 국 끓이고 나물 삶는 패…….

 나를 어느 패에도 넣지 않기에 드디어 막내를 쉬게 해 주나 보다 고마워했다. 바보 같은 생각이었다. 이 패 저 패에서 계속 불러 대어 잔심부름을 시켰다. 역시나 내가 제일 바빴다.

　삼사 나리 일행, 역관 일행, 상인 일행, 짐꾼 일행, 의주 병졸들까지 다 와서 곳곳에 장막을 치고 화톳불을 피워 올렸다. 고을 하나가 새로 생겨난 듯했다.

　의주 병졸 쉰 명은 사신단을 호위하여 책문까지 동행하게 된다고 했다. 하나같이 씨름판 장사처럼 생겼는데 겁나게들 먹어 치웠다. 어떻게나 떠들면서 먹는지 돼지들 같았다. 군복은 엉망으로 입었고, 병장기는 질질 끌고 다녔다. 말도 잘 못 타서 떨어지기 일쑤였고 누가 명령을 해도 못 들은 척 늑장을 부렸다.

　너무 힘든 하루를 보내서 내가 어디서 어떻게 잠들었는지도 모르겠다. 갑작스런 폭우에 깨어 보니 풀밭에 있었다. 다행히 비는 금방 멈췄고, 활짝 갠 밤하늘에 과일 같은 별들이 떠 있었다. 만지면 딸 수도 있을 것 같았다.

## 6월 25일 허허벌판

확실히 우리나라 땅과는 달랐다. 참말이지 풀이 컸다. 내 키보다 큰 풀들이 물결 같았다.

우리나라에서는 조금만 둘러보면 산이 보였고, 하다못해 산등성이라도 보였다. 여기는 그 어디를 둘러보아도 산이 보이지 않았다. 나무들이 보이기는 했지만, 작고 얇았다. 풀보다 작은 나무가 거지반이었다.

소나무와 잣나무가 없었다. 설마 없을라고! 작정하고 막 돌아다녀 보았지만 정말 한 그루도 보지 못했다.

양반과 역관은 의주 고을에서 종놈과 경마잡이를 새로 구했다. 중국을 자주 다녀 봐서 중국 풍토와 지리에 밝은 사람으로 바꾼 것이다. 내가 생각해도 그게 맞았다. 중국을 잘 아는 놈을 데리고 가야 편할 것 아닌가.

뚱선비님께 또 한 번 깊이 감사했다. 뚱선비는 창대와 나를 그냥 데리고 가기로 하신 거다.

아무래도 이상해서 창대에게 물었다.

"압록강 넘어서부터 중국 땅인 거 맞지요? 근데 왜 국경 지키는 중국 병사도 없고, 중국 사람도 하나 안 보이는 거래요?"

"책문부터가 진짜 중국 국경이야. 여기는 중국 땅이기는 하지만 진짜 중국 땅은 아니야."

"우리나라 땅도 아니라면서요?"

"그러니까! 여기는 우리나라 땅도 아니고 중국 땅도 아닌 땅이야. 중국 사람도 조선 사람도 살면 안 되는 땅이지. 하지만 터 잡고 사는 사람들은 없어도 몰래 돌아다니는 사람들은 많아. 몰래 압록강 넘어 다니면서 장사하는 놈들도 쎘고, 몰래 넘어와서 농사져 먹는 조선 사람도 숱해."

나는 무슨 소리인지 대충 알아들었다.

## 6월 27일 책문

책문! 중국으로 들어가는 대문이라니, 대단한 곳인 줄 알았다. 기대한 것이 어이없게도, 그저 나무 울타리 같은 것이 가로막고 있을 뿐이다. 울타리 건너편에 청나라 사람들이 잔뜩 나와서 우리 사신단을 구경하고 있었다. 중국 사람 하면 일단 대머리가 떠오른다! 과연 중국 사람은 머리가 반질반질 벗겨져 있었다.

원래는 책문에 들어가서 아침을 먹기로 되어 있었는데, 무슨 일 때문인지 늦어져 울타리 밖에서 지어 먹게 되었다. 나는 또 정신없이 뛰어다녔다.

밥을 다 먹고, 뚱선비님께 되게 혼났다. 혼날 짓을 했다. 선비님의 부담롱 가죽 주머니 왼쪽 자물쇠를 잃어버린 것이다.

"네가 조심성이 없고 언제나 한눈을 파니 이런 일이 생긴 게다. 이러다가는 네놈의 오장까지 잃어버리겠다. 네가 또다시 한눈을 팔다가는 앞으로 얼마나 많은 물건을 잃을지 모르겠구나!"

솔직히 말해서 그동안 뚱선비님께 혼도 많이 났다. 부끄러워서 혼난 얘기를 한 번도 안 적었을 뿐이다. 그동안 혼난 것을 다 더한 것보다, 오늘 혼난 게 더 호되었다. 어쨌거나 큰일 났다. 부담롱에서 물건이 없어지면 자물쇠 잃어버린 내 책임 아닌가. 눈에 불을 켜고 가죽 주머니를 지킬 수밖에.

이윽고 울타리 문이 열렸다. 그런데 또 무슨 일인지 바로 못 들어가고 소란스러웠다. 심지어 싸움까지 일어났다. 중국 병졸들과 득룡이가 한바탕 멱살잡이를 하고 있었다.

창대가 알려 주었다.

"책문 병졸들에게 한 수레 바쳐야 들어가는 건데, 놈들이 적다고 배짱을 부리는 거야. 그러나 우리 득룡이 형님이 누구신가."

득룡이 중국 병졸 우두머리의 뺨을 주먹으로 때리고 소리 질렀다.

"이 버릇없는 놈이 감히 도둑질을 해! 우리가 준 것에 고마워하지는 못할망정 훔쳐? 너희 나라 장군께 가자. 가서 누가 옳은지 따져 보자!"

득룡이 난리를 피우자 중국 병졸들이 고분고분해졌다. 책문 통과도 시원시원해졌다.

드디어 책문 안에 발을 들여놓았다. 진짜 중국 땅에 들어온 것이다.

길거리를 사이에 두고 이십여 채의 집이 있었다. 한양의 대갓집 못지않은 기와집이 서너 채 있었고 나머지는 초가집이었다. 짚으로 이엉을 엮은 우리나라의 초가집과는 매우 달랐다. 억새로 엮은 이엉은 반들반들해서 윤기가 자르르 흘렀다. 담장이 모두 벽돌로 되어 있었다. 수레가 열 대도 넘게 왔다 갔다 했다.

돌아다니면서 똥선비님은 내내 감탄을 했다.

함께 다니던 변 의원이 나도 궁금한 것을 물어봐 주었다.

"뭐가 그리 놀라우십니까?"

"어느 한구석에도 빈틈이 없어. 물건 한 개라도 허투루 굴려 놓은 것이 없잖은가. 소 외양간, 돼지우리까지도 일정한 법식이 있네. 심지어 거름 더미 똥구덩이까지도 그림같이 정갈하지 않은가. 물건을 이롭게 쓸 줄 모르면, 생활을 넉넉하게 할 수는 없는 법이지. 우리가 오랑캐 나라라고 무시했던 중국은 모든 물건을 이롭게 쓸 줄 아니 살림살이가 넉넉한 것이야. 우리 조선은 물건을 제대로 쓸 줄 모르니 안타깝지 않은가?"

나는 무슨 말인지 도통 못 알아듣겠는데, 변 의원은 참 훌륭한 말을 들었다는 듯이 고개를 주억대었다.

중국인의 집에 숙소를 잡았다.

점심을 먹고 봉황산 구경을 갔다. 뚱선비는 구경을 나온 게 아니라 조사를 나온 것처럼 뭐든지 열심히 살폈다.

특히 우물가에서 오래도록 머물렀다. 우물 덮개에서부터 두레박까지 조선의 것과는 너무나도 다르다면서 한참을 들여다보는 것이었다. 조선에서는 그토록 게으르고 한가했던 선비님이 중국에서는 완전히 변하셨다.

가장 부지런했고 가장 바빴다. 그럴 수밖에 없는 것이, 남들은 제대로 보지도 않고 지나치는 것들을 골똘히 살피고 다니시니 말이다.

## 6월 28일 집 찾기

뚱선비는 '강영태'라는 중국 사람의 집에 초대받아 점심을 먹으러 갔다. 점심을 얼마나 걸게 차리려고 그러는지 준비가 덜 되었다고 했다.

뚱선비는 그새를 못 참고 일어섰다.

"그대로 앉아 기다리는 것은 심심하니 배고픈 것을 참고 구경이나 해 볼까."

들어올 때는 몰랐는데 어마어마하게 큰 집이었다. 어느 문으로 나가니, 방이 여러 칸인 집이 수십 채가 있었는데, 그게 다 한 사람 강영태의 집이라는 것이었다.

온갖 과일나무가 심어진 넓은 뜰, 짐수레 이십여 대가 오가는 너른 길, 사람들이 복닥거리는 큰 창고, 그게 모두 강영태라는 사람의 집 안에 있는 것이었다.

놀라워서 입을 다물 수가 없었다.

한참을 걸어서야 강영태의 집을 나올 수 있었다. 거리의 복잡함과 떠들썩함은 한마디로 말해서, 한양 시전 거리 같았다. 아니, 한양 시전 거리보다 훨씬 멋져 보였다. 왼쪽

오른쪽으로 촘촘히 붙은 가게들은 번화하기 그지없었다.

반짝이는 유리창, 비단으로 바른 문, 붉게 칠한 난간, 푸른 현판, 금빛 나는 가게 간판!

역관 한 사람이 뚱선비를 알아보고 말했다.

"이런 궁벽한 촌에 볼 게 있습니까?"

"집들이 이렇게 훌륭할 수가 있나. 집을 저렇게 지을 수 있는 것은, 틀림없이 벽돌 때문인 게야. 집을 짓는 데 벽돌을 쓰는 것이 얼마나 이득이 되는지 잘 알 수가 있겠어. 그런데 잘사는 고장에서는 집들이 여기와 다른가?"

"예? 집이야 다 똑같지요. 크고 작고 사치하고 검소하고 뭐 그런 차이는 있겠습니다만, 집 짓는 법이나 생김새는 다 비슷하지요."

"이 궁벽한 촌의 부잣집과 연경의 부잣집이 별 다를 바 없다는 얘기군."

뚱선비는 도를 깨우친 도사 같은 얼굴로 고개를 끄떡끄떡했다.

돌아가는 길을 찾을 수가 없었다.

뚱선비가 버럭 화를 냈다.

"이놈아, 주인이 길눈이 어두우면 종놈이라도 밝아야 할 것 아니냐?"

내게 좋은 생각이 떠올랐다. 장사꾼 중에 마음씨가 좋아 뵈는 노인에게 다가가 뚱선비를 가리키면서 말했다.

"강영태! 강영태!"

노인이 금방 알아들었는지 따라오라며 앞장섰다.

강영태는 하인들을 풀어 뚱선비를 막 찾아 나서려던 참이었다.

뚱선비가 껄껄 웃으며 말했다.

"어허, 궁벽한 촌에서도 길을 잃어버릴 정도니, 연경에서는 아예 길을 나서지 말아야겠어."

## 6월 29일 관우묘

지나치는 동네마다 비슷한 게 나타났다. 벽돌로 네모나게 테두리를 친 흙무더기가 있고, 흙무더기 앞에 깃발이

박혀 있었다. 깃발에는 사람인지 괴물인지 무시무시하게 생긴 그림이 그려져 있었다.

창대가 알려 주었다.

"저게 바로 관우묘다!"

"관우묘가 뭐예요?"

"관우˙ 장군도 몰라?"

"저게 삼국지에 나오는 관우 장군님의 무덤이라고요? 말도 안 돼!"

"우리나라 절 같은 거야. 부처님이 절마다 계시잖아. 중국은 동네마다 관우 장군님이 계셔. 중국 시골에서는 부처님, 공자님, 노자님이 다 관우 장군님 아래야. 관우 장군이 으뜸이야."

또 동네마다 큼직한 가마가 있었다. 벽돌 굽는 가마였다. 옆에는 기계틀로 찍어 내어 볕에 말리는 벽돌과 가마에서 갓 구워 낸 벽돌이 깍두기처럼 깔려 있었고, 전에 구운 것은 산더미처럼 쌓여 있었다. 이러니 집들을 다 벽돌로 지

---

관우 • 중국 삼국 시대 촉한의 무장(?~219)이다. 장비, 유비와 의형제를 맺고 적벽전에서 조조의 군대를 격파하는 등 많은 공을 세웠다.

을 수 있구나!

전당포라는 곳에 들렀다. 우리나라에도 전당포라는 게 있다는 얘기는 들어 보았지만 들어가 본 적은 없었다. 신기한 물건이 무척 많았다.

"선비님, 물건에 꼬리처럼 매달린 종이들은 뭐래요?"

"물건 임자의 성명, 별명, 얼굴 모양의 특징, 사는 곳 등을 적은 것이란다."

전당포 주인이 물 한 잔씩을 주었다. 창대와 나는 차가운 냉수인 줄 알고 한입에 마셨다. 혀가 타는 줄 알았다. 알고 보니, 그게 바로 '차'였다. 중국인은 이 더운 여름에도 뜨거운 차를 냉수처럼 마신다는 거였다.

## 7월 2일 농부와 돼지

큰비가 내렸다. 강을 건널 수 없어 시골 마을에서 하루 머물게 되었다.

비가 멎은 뒤 뚱선비를 따라나섰다.

수수 밭이 바다처럼 넓었다. 갑자기 천둥 같은 소리가 났다.

"저건 조총 소리가 아니냐?"

"맞습니다! 근데 선비님이 조총 소리도 아십니까?"

"이놈아, 나도 시골에서 몇 년을 살아 봤다."

수수 밭 속이 갈라지듯 하더니 험상궂게 생긴 사내가 나왔다. 사내는 한 손에는 조총을, 다른 한 손에는 돼지 뒷다리를 잡고 있었다. 돼지는 죽었는지 아무 움직임이 없었다.

저쪽 집에서 또 한 남자가 뛰쳐나왔다.

조총 사내가 사납게 소리쳤다. 중국 말을 제법 아는 창대가 통역해 주었다.

"어쩌자고 돼지를 함부로 풀어놓는 거냐고 야단치는뎁쇼."

남자는 쩔쩔매며 손바닥을 싹싹 비볐다.

"저 사람이 돼지 주인 같은데, 막 잘못했다고 비는뎁쇼."

조총 사내는 돼지를 질질 끌고 다시 수수 밭 속으로 들어가 버렸다.

뚱선비는 창대를 통해 돼지 주인에게 물었다.

"저 사람이 잡아간 돼지는 당신 돼지 아닌가? 저 사람이 돼지를 가져가는데 왜 가만히 있는 건가?"

돼지 주인의 대답은 이러했다.

"돼지 한 마리로 끝나는 것도 다행입니다. 우리 중국에서는 농사가 가장 중요합니다. 곡식 자란 밭이나 논에 가축이 들어가면, 그 가축 주인은 많은 돈을 물어 주어야 하고 관가에 끌려가 곤장 예순 대를 맞아야 합니다."

"돼지가 수숫대 하나 부러뜨린 게 없는데도?"

"수수 밭에 들어간 게 일단 큰 죄입니다. 수수 밭 주인은 제 돼지를 가져가는 대신 나를 관가에 신고하지 않을 겁니다. 돼지 한 마리를 주는 게 낫겠습니까? 막대한 돈을 물어 주고 곤장 예순 대를 맞는 게 낫겠습니까?"

"법이 좀 심한 것 같기는 하다만, 본받을 점이 많구나. 우리나라에서는 힘 있는 자들이 사냥한답시고 돌아다니며 곡식을 아무리 망쳐 놔도, 농부들이 아무 말도 못 하잖느냐."

"맞습니다요, 우리나라는 양반 놈들 때문에 농사꾼이 살 수가 없습니다요. 갖은 행패로 농사를 망쳐 놓고는 그나마 거둔 곡식은 다 뺏어 가잖습니까!"

뚱선비가 '힘 있는 자들'이라고 에둘러 말한 것을, 창대가 '양반들'이라고 꼭 집어 말한 것이었다. 양반 앞에서 양반을 욕한 창대는 좀 겁먹은 낯꼴이 되었는데, 뚱선비는 껄껄 웃었다.

"네 말이 맞다. 우리 조선은 양반들이 참 문제다!"

창대가 머리를 긁적이며 말했다.

"히히, 제 말은 그저, 이런 것입니다요. 중국에서는 농사꾼이 대접받고 사는구나."

## 7월 6일 강 건너기

높은 분들은 가마에 탔다.

정사 나리의 친척 되시는 뚱선비는 정사의 가마에 탔다.

뚜껑 없는 가마라 속이 다 보였다. 둘이 같이 앉아 있으니까, 크고 뚱뚱한 뚱선비가 오히려 정사 같았다.

　사신단을 여러 날 꼼짝 못하게 만들었던 강은 물이 빠지자 내 같았다. 그렇다고 해도 꽤나 깊어 보였다. 종놈들이 홀딱 벗었다. 가마를 둘러메고 강물로 들어갔다. 나도 당연히 가마를 둘러메고 있어야 했지만, 아픈 덕을 보았다. 창대가 나 대신 가마를 메 주기로 했다.

　물살이 빨라지는 곳에서, 종놈들이 한꺼번에 휘청거렸다. 그러자 가마도 휙 기울어졌다. 정사는 뚱선비에게 달라붙었다. 뚱선비가 꼭 껴안아서 정사가 가마 밖으로 튕겨 나가는 것을 가까스로 막았다. 두 양반은 강물을 다 건널 때까지 껴안고 발발 떨었다. 신분이 귀한 분들도 무서운 것은 어찌할 수 없나 보다.

　가마에 탄 사람들도 무서운데, 가마를 둘러멘 채 강바닥을 걸어가는 종들은 얼마나 무서웠겠는가. 나 대신 고생하는 창대에게 너무 미안했다.


　손가마를 타고 건너는 양반이나 역관도 있었다. 종놈 두

엇이 말을 만들어서 상전을 태우고 건너는 것이다. 나무를 사립문처럼 만들어 띄워 놓고는, 그 위에 상전을 태우고 건너는 종놈들도 있었다. 지켜보노라니 종놈이 참 딱했다. 이렇게 위험한 강을 건널 때에도 목숨을 걸고 상전부터 챙겨야 하니 말이다.

 상전을 무사히 저쪽 강가로 모신 것으로 종놈의 일은 끝나지 않는다. 이번엔 상전의 짐을 날라야 하는 것이다.

 종놈보다 더 고생하는 것이 봉물을 나르는 마두와 짐꾼이다. 종놈이 주인의 짐을 좀 적셨다고 해서 죽이기야 하겠는가. 그러나 중국 황제께 바칠 물건을 적시면 죽음을 당할 수도 있단다! 마두와 짐꾼들은 제가 빠져 죽을지언정, 물건을 물에 빠뜨려도 안 되고 적셔도 안 되는 것이다.

 황제께 진상할 물건이 좀 많은가. 백 명가량 되는 마두와 짐꾼은 여남은 번씩 강을 건너야 했다. 모시는 상전과 상전의 짐 보따리만 책임지면 되는 종놈에 비해 백배 애처로웠다!

 나는 헤엄쳐 건널 생각이었는데, 몸살 때문에 선뜻 물에 들지 못하고 구경만 하고 있었다.

높은 분들 말고, 특별히 가마를 타고 다니는 것이 허락된 사람이 있었으니 유구국 공주였다. 공주의 가마는 덮개도 있어 안이 뵈지도 않았다. 공주의 하인들이 나더러 가마에 타라고 했다.

공주님이랑 단둘이? 가슴이 콩닥콩닥 뛰었다.

가마 안에는 나 말고도 또 누가 있었다. 역관 학생 조수삼. 강물을 건너는 동안 가마는 자주 휘청대었다. 공주와 수삼은 자주 껴안을 수밖에 없었다.

나는 혼자 악쓰고 버텼다. 괜히 분위기 좋은 두 사람 사이를 훼방 놓은 것 같아서 찜찜했다.

## 7월 8일 요양성

요양성은 지금까지 거쳐 온 성 중에 가장 컸던 봉황성의 열 배는 되었다. 넓이도 열 배, 건물의 크기와 숫자도 열 배, 거리의 사람도 열 배, 다니는 수레와 말도 열 배.

요양성 안에도 관제묘가 있었다. 이제까지 숱하게 보아 온 관제묘와 규모가 달랐다. '대궐' 같았다. 행랑이 여러 채였다. 가장 큰 행랑에는 관우의 상이 모셔져 있었다. 동쪽 행랑에는 장비의 상, 서쪽 행랑에는 조자룡의 상이 있었다.

나는 꿈에서도 관우, 장비, 조자룡을 본 적이 없다. 하지만 딱 보니, 관우, 조자룡 같았다. '삼국지연의'* 이야기를 수도 없이 들어 왔다. 그 이야기를 들을 때마다 관우, 장비, 조자룡은 이렇게 저렇게 생겨 먹었을 거라고 상상했는데 딱 그대로였다.

중국 사람들도 관우, 장비, 조자룡만 좋아하는 모양이다. 제갈량, 유비, 조조, 원소, 여포 이런 사람들의 상은 눈을 씻고 봐도 없으니 말이다.

---

**삼국지연의** • 중국 원나라의 작가 나관중이 지은 장편 역사 소설. 유비, 관우, 장비가 도원결의하는 것에서 시작하여 오나라의 손호가 항복하여 천하가 통일될 때까지의 사적을 소설체로 풀어 서술하였다. 중국의 사대기서(四大奇書) 가운데 하나로 꼽힌다.

장사꾼들만 있는 게 아니었다. 창술을 보이는 사람들, 권법을 하는 사람들, 우리나라 전기수처럼 책을 읽어 주는 사람들, 우리나라 꼭두각시놀음 비슷하게 노는 사람들, 비파를 타는 사람들…… 별의별 사람이 다 있었다.

재주를 가진 이들이 한바탕 놀면, 구경꾼 중에 돈 좀 있는 사람들이 엽전을 던져 주었다. 한양 놀이판보다 백배는 더 볼 게 많았다. 관제묘라는 이름이 붙은 곳에, 장터와 놀이터가 있다는 것이 참 이상했다.

요양성 밖으로 나가 그 유명한 백탑을 보았다. 창대를 비롯해 마두 형들이 계속 말했던 것이다.

"요동에서 볼거리는 역시 백탑뿐이야!"

겉은 흰색이었고, 8면이었다. 13층이나 되었는데 까마득하게 높았다. 그 높은 탑 꼭대기에 까마귀 한 마리가 태평히 앉아 있었다. 요양성의 왼쪽은 바다이고, 앞은 거의 바다와도 같은 들판이란다.

까마귀의 눈에는 바다도 보이고, 우리가 걸어가게 될 들판도 훤히 보일 테다. 바람이 불자 웅장한 소리가 들렸다.

이게 뭔 소리인가. 그것은 탑 꼭대기에 있는 쇠북과 큰 잉어 모양의 풍경에서 나는 소리였다. 바람을 맞은 쇠북이 둥둥 울고 풍경이 차르랑차르랑 울었다. 그 묘한 소리가 군대가 돌진하는 소리처럼 들렸다.

### 7월 9일 물렀거라! 저었거라!

뚱선비는 중국에 와서 되우 달라졌다. 우리나라 땅에서는 게으른 당나귀 같았는데, 중국에서는 부지런한 적토마 같았다.

그 바람에 내가 고생이었다. 동도 트기 전에 아침밥을 바쳐야 했다!

조선에서 뚱선비는 심드렁한 눈길로 뭘 봐도 시큰둥했다. 중국에서는 사소한 것 하나까지 호기심 가득한 눈으로 살폈다. 그러니 길을 일찍 떠나도 빨리 갈 수는 없었다.

사신단의 맨 앞장에 서는 것은 나팔수 병졸과 전배군

관˙이었다. 나팔수는 세 번 나팔을 불고 군관과 함께 출발했다. 그때 비로소 사신단은 깨어나 출발 준비를 하는 것이다. 나팔수와 군관은 사신단보다 약 십 리 정도 앞서 갔다.

뚱선비는 그들보다도 한참 먼저 출발했지만 곧 따라잡혔다. 자연스레 나팔수, 군관, 뚱선비, 뚱선비의 단짝이 된 변 의원, 네 사람이 함께 앞장을 서게 되고는 했다. 네 사람은 신분과 나이를 떠나 불알동무들처럼 별별 우스개를 떠들어 대고는 했다.

나 같은 종놈 소년도 알아먹을 수 있는 우스개였다. 얘기를 나누는 그들끼리도 잘 웃었지만, 들으면서 따라가는 창대와 나도 자주 웃었다.

네 사람은 장난도 잘 쳤다. 뚱선비와 변 의원이 특히 좋아하는 장난은 '벽제소리'˙였다. 조선에서 하던 버릇대로

---

전배군관 • 사신단을 호위하는 군인을 말한다.
벽제소리 • 지위가 높은 사람이 행차할 때, '에라 게 들어섰어라', '물렀어라' 따위로 외치며 잡인의 통행을 금하던 소리를 말한다.

나팔수 병졸은 "물렀거라! 저었거라!" 소리쳤다. 나머지 사신단이 쫓아오려면 멀었고, 거리에 비켜서 물러날 사람도 없는 아침에, 중국 사람들이 알아들을까 싶은 조선말로 소리를 질러 대니 순전히 장난이었다.

이게 재미있어 뵈던지 뚱선비와 변 의원도 따라 했다. 군관도 따라 하니, 마을이 나타나면 모두가 합창으로 "물렀거라! 저었거라!" 하게 되었다. 나중에는 창대와 나도 입을 모아 "물렀거라! 저었거라!" 했다.

집집마다 문이 활짝 열렸다. 물렀기는커녕 구경을 나오는 것이다. '구경을 하러 나오거라!' 소리친 셈이다.

남자보다 여자가 훨씬 많이 구경을 나왔다. 우리도 구경 나온 여자들을 구경했다. 할머니건 아줌마건 아가씨건 차림새는 비슷했다. 머리에는 꽃을 꽂았다. 귀고리를 했고 아침부터 화장을 엷게 했다. 담뱃대를 아무렇지도 않게 물고 있었다.

조선에서도 늙은이나 젊은이나 담뱃대 물고 사는 건 흔한 일이었지만, 여자는 기생들이나 물고 산다. 중국에서는 기생 아닌 여자들도 다 담뱃대를 물고 사나 보았다.

"나리, 저 발이 바로 전족˙아니옵니까?"

나는 발이 아주 작은 여자들을 발견하고 소리쳤다.

"니가 전족을 다 아느냐?"

"그러믄입쇼, 중국 여자들은 전족이란 걸 해서 발이 토끼 발처럼 작다는 얘기는 삼척동자도 아는 얘기입죠. 근데 중국에 와서 발 작은 여자는 한 번도 못 보다가 지금에야 보게 되었습니다요."

"전족을 한 여자들은 한족이고, 안 한 여자들은 만주족이니라."

"그렇군입쇼. 제가 보기엔 만주족 여자들이 훨씬 예쁜 것 같습니다. 얼굴이 다들 달덩이 같은뎁쇼. 한족 여자들은 전족을 한 발을 닮아서 그런가 다들 오종종하게 생겼는뎁쇼."

"어허, 네가 벌써 여자를 알 나이가 되었더냐?"

뚱선비의 말에 모두들 한바탕 웃었다. 나는 무슨 말인지 몰라 웃지 못했다.

---

전족 • 중국 옛 풍습의 하나다. 여자의 엄지발가락 이외의 발가락들을 어릴 때부터 발바닥 방향으로 접어 넣듯 힘껏 묶어 헝겊으로 동여매어 자라지 못하게 했다.

웃는 것도 말을 알아들어야 웃든지 말든지 할 수 있다는 걸 자주 깨달았다. 재미난 말인 것 같은데 못 알아들어 나만 못 웃은 게 한두 번이 아니었으니까.

4부

# 산해관 향해 가는 길

## 7월 10일 몽골 사람

심양성은 요양성보다 열 배는 시끌벅적했다. 건물이 끝이 없고, 사람들은 셀 수 없을 만큼 붐볐다.

하지만 나는 시큰둥했다. 심양성 안에 볼거리가 아무리 많다 해도, 봉황성에서도 보고 요양성에서도 보았던 것이니까. 놀라운 것도 자꾸 보면 데면데면해지는가 보다.

그러다가 눈이 번쩍 뜨였다. 처음 보는 구경거리와 맞닥뜨렸기 때문이다.

창대가 먼저 발견하고 소리쳤다.

"몽고 수레다!"

우리나라 수레와도 다르고 지금까지 보아 온 중국 수레와도 다른, 수레가 개미 떼처럼 오고 있었다. 말이 수레를 끄는 게 아니라 소가 끌어서였을까? 영 달라 보였다. 수레마다 벽돌이 높다랗게 쌓여 있었다. 소 세 마리가 한 대의 수레를 끌고 있었는데, 대개 흰 소였지만 푸른 소도 있었다. 이 더운 여름에 저 무거운 벽돌을 끌다니 얼마나 힘들겠는가. 코피를 흘리며 가는 소가 많았다.

소 수레를 끄는 몽골 사람들도 소 못지않게 불쌍해 보였다. 몽골 사람은 코가 우뚝 컸고 눈이 깊숙했다. 굉장히 먼 길을 여행 중인지 얼굴이 먼지와 때로 새까맸다. 기가 막히게도 버선을 벗지 않고 있었다. 우리 사신단의 양반네들처럼.

마두 득룡이 채찍을 휘둘러 몽골 사람의 모자를 벗겼다. 그 모자를 받아 종놈들은 제기를 찼다. 모자를 찾으려고 허둥대는 몽골 사람을 발 걸어 넘어뜨리기도 했다. 장쇠는 넘어진 몽골 사람의 입에다 흙을 집어넣기까지 했다. 괴롭힘을 당해도 몽골 사람은 그저 웃는 얼굴로 제발 모자만 돌려 달라고 빌었다.

창대에게 물었다.

"몽골 사람은 화를 낼 줄도 모르나요?"

창대가 웃으면서 대답했다.

"화를 내? 그랬다가는 더 죽을라고. 그저 웃는 게 덜 괴롭힘 당하는 거야."

몽골 사람 하나가 참다못해 성질을 냈다. 득룡의 채찍을 빼앗아 집어던진 것이다. 그러자 마두와 종놈들이 달려들어 그 몽골 사람을 몹시 팼다. 다른 몽골 사람들은 못 본 척 가만히 있었다. 우리 사신단 높은 분들도 구경만 했다. 만주족과 한족은 손뼉 치며 좋아했다.

"그만해요!"

내 소리가 그렇게 컸나. 마두와 종놈들이 주춤거렸다.

"형님들, 도대체 왜 사람을 괴롭히는 거예요?"

마두 득룡이 대꾸했다.

"인마, 몽골 놈들은 사람이 아냐."

"사람이 아니면 뭔데요?"

"오랑캐야, 오랑캐!"

"오랑캐도 사람이잖아요!"

"이놈아, 우리 조상님들이 고려 때 몽골 놈들한테 얼마나 당했니? 나는 고려인의 후손으로서 몽골 놈한테 복수한 거야. 좀 놀렸기로서니 뭐가 어떻다고 어린 게 따지고 야단이야!"

형들은 말리고 나서는 내가 이해가 안 되는 모양이다. 하지만 나는 멀리 남의 땅에 와서, 역시 멀리에서 온 남의 나라 사람들을 괴롭히는 형들이 이해가 되지 않았다.

## 7월 11일 심양

누가 엉덩이를 뻥 찼다. 내가 정신을 차리지 못하자, 누구는 계속 발길질을 했다. 참지 못하고 눈을 떴다.

뚱선비였다.

"날이 훤히 밝았는데 아직도 처자느냐? 나를 찾는 이가 있었더냐?"

"아무도 없었는뎁쇼."

"세숫물 좀 빨리 가져오너라!"

보아하니 뚱선비는 밤새 어디서 놀다 온 듯했다. 엊저녁에 밥을 먹고 홀로 나간 뚱선비는 늦도록 돌아오지 않았다.

"밤새 술 드셨군요?"

"어찌 아느냐?"

"딱 보면 압죠. 술 냄새 풀풀 나시고, 눈은 날밤 새운 것처럼 토끼 눈인뎁쇼."

"어허, 귀신 같은 놈일세!"

세수를 마친 뚱선비가 말했다.

"간밤의 일은 절대로 입 밖에 내서는 안 된다."

뚱선비를 따라가니 골동품 가게였다. 딱 봐도 오래된 것 같은 술병, 그릇, 솥 등등이 잔뜩 있었다. 가게에 있던 중국 사람들이 뚱선비와 반갑게 수작하는 것을 보니, 이 가게가 바로 뚱선비가 밤새워 놀다 온 곳인 듯했다.

뚱선비와 중국 사람들은 글로써 이야기를 나누었다. 중국과 우리나라가 말은 다르지만 같은 문자를 쓴다. 한자로 통할 수 있는 것이다. 나는 말로만 들었지 필담하는 것을 처음으로 보았다. 뚱선비가 쓱싹쓱싹 써서 주면, 중국 사람도 쓱싹쓱싹 써서 돌려주었다. 주고받다가 종이가 글자로 꽉 차면 다른 종이로 바꿨다.

뚱선비는 중국 사람들과 밤새 나눈 필담 종이를 내게 챙기라고 했다.

"이딴 걸 뭐에 쓰시려고요?"

괜히 여쭈었다가 꿀밤만 먹었다.

"이딴 것이라니! 여기에 얼마나 좋은 말들이 많이 적혀 있는 줄 아느냐?"

숙소로 돌아와 아침을 먹었다. 밤새 피곤하셨을 텐데, 낮에도 뚱선비는 지치지 않고 구경을 다녔다. 말 위에서

꾸벅꾸벅 졸다가도 구경거리가 나타나면 번쩍 깨어나 눈을 빛냈다.

저녁이 되었는데도 찌는 듯 무더웠다. 저녁 먹고 일찍 주무시는가 했던 뚱선비가 슬금슬금 나왔다.

변 의원이 딱 나타났다.

"어디를 가십니까?"

"달밤을 쫓아 어디 가서 밤새 이야기나 나눌까 해서. 같이 가겠나?"

두 사람은 중국에 들어와서 단짝처럼 붙어 다녔다. 뚱선비가 다른 이들은 다 따돌렸지만, 변 의원만큼은 데려갈 생각이 있는 듯했다.

변 의원은 무슨 뚱딴지같은 소리냐는 듯 물었다.

"대체 어디에 말입니까?"

"그야 어디든지!"

변 의원이 망설이고 있는데, 역관 중에서 최고 높은 수역이 들어왔다. 변 의원은 뚱선비가 말릴 새도 없이 수역에게 물었다.

"달빛이 좋으니 좀 거닐다 와도 되겠소?"

수역이 깜짝 놀라서는 야단치듯 말했다.

"아니 될 말씀이오. 심양이 얼마나 위험한 곳인데 밤에 돌아다니겠다는 겁니까? 중국 말도 못하면서요. 절대로 안 되니 꼼짝 말고 계세요."

변 의원은 "그렇군……. 안 된다는데요" 하면서 뚱선비를 쳐다보았다.

뚱선비는 아쉬운 얼굴로 "그렇군, 안 되는군" 말하고는 숙소로 되돌아왔다. 하지만 뚱선비는 다시 숙소에서 빠져나갔다.

"장복아, 너는 따라올 필요 없다. 오늘도 너는 내 방 앞에 딱 지키고 있어라. 누가 찾으면 잘 둘러대거라!"

"저도 가고 싶습니다요."

"어허, 네놈은 가 봐야 아무 재미없다."

"재미 때문이 아니고, 선비님을 모시는 종놈으로서, 선비님을 홀로 보내는 게 불안하고 죄송해서 그렇습니다요."

"네가 나를 생각하는 마음이 있다면, 내일 아침에 그 골동품 가게로 오너라. 필담 종이나 날라 주거라."

오늘도 밤새도록 중국 사람들과 놀 작정이신가 보다.

## 7월 12일 낙타

 연이틀 날밤을 깐 뚱선비는 맥을 못 추었다. 나이도 제법 많으신데 오죽할까. 말 타고 깜박깜박 졸던 뚱선비가 말했다.
 "도저히 안 되겠다. 양쪽에서 나를 부축하거라!"
 창대는 말고삐를 놓고 왼쪽에서, 나는 오른쪽에서 뚱선비의 몸뚱이를 붙잡았다. 뚱선비는 비로소 마음이 편해졌는지 코 고는 소리까지 내 가며 푹 잠들었다. 창대와 나는 두 팔을 높이 든 채 게처럼 옆으로 걷는 꼬락서니가 되어 무척 힘들었다. 창대가 연신 불평했다.
 "나는 종놈도 아닌데 이게 무슨 꼴이냐. 아주 힘들어 죽겠구나."
 저게 무슨 동물인가? 생전 처음 보는 동물이 여러 마리 가고 있었다.
 말처럼 생겼으나 굽이 두 쪽이니 말은 아니었다. 꼬리는 소처럼 생겼으나 머리에 뿔이 없으니 소도 아니었다. 얼굴이 양처럼 생겼으나 털이 꼬불꼬불하지 않으니 양도 아니었다. 말도 닮고 소도 닮고 양도 닮았지만, 분명코 말도 아니고 소도 아니고 양도 아닌 동물이었다.

"참 괴이하게 생겼네. 등에 혹이 있어! 무슨 산봉우리처럼 솟았네."

"머리를 쳐드니까 거위 대가리 같기도 한걸요."

"눈은 꼭 청맹과니˙ 같은걸."

"선비님도 보시고 싶어 할 것 같지 않아요?"

"깨워 드리자!"

사실 우리는 선비님 부축하는 게 너무 힘들었다. 잠에서 깨게 하면 부축을 그만둬도 되지 않을까. 우리가 아무리 큰 소리로 불러도, 흔들어 대도, 뚱선비는 잠나라에서 빠져나오지 않았다.

그 동물이 사라지고 한참 뒤에야 뚱선비가 깨어나 기지개를 켰다.

"아주 잘 잤다. 비로소 정신이 맑아지고 주변 풍경이 한층 새롭게 다가오는구나!"

---

청맹과니 • 겉으로 보기에는 눈이 멀쩡하나 앞을 보지 못하는 눈 또는 그런 사람을 말한다.

창대가 무심코 말했다.

"아까 웃기는 짐승을 보았습니다요."

"어찌 생겼더냐?"

창대와 나는 본 대로 말했다.

뚱선비는 그깟 구경거리 하나 놓쳤다고 무척 속상한 얼굴이 돼서는 우리를 야단쳤다.

"낙타로구나! 말로만 듣고 글로만 읽었지, 내가 아직 낙타를 보지 못했는데, 참으로 아까운 구경거리를 놓쳤구나. 이놈들, 왜 깨우지 않았느냐?"

창대가 불뚝성을 내었다.

"안 깨우다니요! 천둥 치듯 큰 소리로 깨워도 코만 고시고 안 일어나셨어요."

"앞으로는 나를 때려서라도 깨워야 한다. 처음 보는 물건이나 짐승이 나타나면 무조건 알려야 한다. 졸 때건 식사할 때건 무조건! 알겠느냐?"

창대와 나는 입을 모아 대답했다.

"넵쇼!"

## 7월 13일 참외

참외밭을 지날 때였다. 참외밭에서 나온 늙은이가 다짜고짜 말을 막아서고는 엎드렸다. 늙은이가 참외밭 옆에 있는 다 쓰러져 가는 초가집을 가리키며 울먹였다. 중국 말을 좀 하는 창대가 알아들은 바대로 옮겼다.

"이 늙은이가 혼자 길가에서 참외를 팔아 근근이 먹고 산답니다. 근데 아까 우리 조선 사람 사오십 명이 이곳을 지나다가 도둑질을 했다네요."

"그럴 리가 있나!"

"처음엔 돈을 내고 먹었답니다. 그런데 떠날 때쯤 되니까 참외밭에 뛰어들어서 양손에 한 개씩 쥐고는 도망쳤다네요."

"우리 군관들은 뭘 하고 있었던 게야?"

"이 늙은이가 군관 나리들께 하소연했지만 못 들은 척했답니다. 또 어떤 놈은 참외를 노인네 얼굴에다가 집어던지기도 했다네요. 눈을 맞아서 번갯불이 번쩍이는 것 같았답니다."

"늙은이가 안되기는 했지만 나더러 뭘 어쩌라는 건가?"

"같은 조선 사람이 그랬으니, 청심환 한 알을 달랍니다. 미친 소리네요. 나리, 무시하고 그냥 가시지요."

중국 사람은 정말이지 청심환을 좋아하는 모양이다. 지금까지 오면서 청심환을 달라고 떼를 쓴 중국 사람이 한둘이 아니었다. 중국 사람은 조선 양반이 죄다 청심환을 갖고 다니는 줄 아는 모양인데, 뚱선비님은 없었다.

"정말 몹쓸 놈들이구나. 불쌍한 사람을 장난질로 괴롭히는 것도 모자라 참외까지 훔쳐 먹는단 말이야. 창대와 장복이 네놈들은 절대로 그러지 말거라."

그냥 가려는데, 늙은이가 창대의 허리를 안고서는 또 울먹였다.

"청심환을 못 주시겠다면 참외라도 사 달라는뎁쇼."

늙은이는 참외 다섯 개가 든 소쿠리를 내놓고 안 사 주면 절대로 안 보내 주겠다는 듯 떼를 썼다.

뚱선비는 참외 하나를 먹고, 창대와 나는 두 개씩 먹었다. 향기와 단맛이 기가 막혔다. 목을 태워 버릴 듯했던 갈증이 확 씻겨 나가는 듯했다. 뚱선비는 밤에 먹자면서 네

개를 따로 챙기도록 시켰다. 도합 아홉 개의 참외를 산 것이다.

늙은이와 창대가 말싸움을 했다.

"아, 글쎄 이 늙은이가 덤터기를 씌우려고 하네요. 참외 다섯 개에 80푼을 내랍니다. 10푼에 열 개라도 바가지 쓴 건데, 이 늙은이가 진짜 사람 열받게 하네."

뚱선비는 책문에서 은자 한 냥을 주고 중국 엽전 1000개와 바꿨다. 나한테 중국 엽전을 백 개씩 내어 주며 푼돈 계산을 걸머지라고 했다. 나를 믿어 주시는 건 고마운데, 돈 챙기는 일이 쉬운 일이 아니었다. 뚱선비가 술집이나 음식점 들어가서 뭐를 사 먹을 때마다, 나는 돈 계산하느라고 머릿골이 띵해지는 것이었다.

나는 창대 말을 듣고 잠깐 고민하다가, 늙은이가 불쌍하기도 해서, 50푼을 내밀었다.

늙은이는 80푼이 아니면 안 받겠다는 건지 손사래를 치며 계속 왕왕댔다.

"이러다가 못 가겠구나. 달라는 대로 주어라!"

나는 주머니를 탈탈 털어서 있는 잔돈까지 다하여 71푼을 주었다. 그러고는 주머니를 홀랑 까 보였다.

"이것 봐요, 정말 돈이 더는 없다고요!"

그제야 늙은이는 우리를 놓아주었다.

숙소에서 뚱선비가 참외 산 얘기를 하자 마두들이 한바탕 웃었다.

"아이구, 나리가 깜박 속았습니다. 저희는 참외를 빼앗아 먹은 적이 없습니다요. 저희가 장난질은 쳐도 도둑질은 못합니다. 그랬다간 모가지가 날아가는뎁쇼."

"그 늙은이가 따로 떨어져 오는 나리를 작정하고 속인 겁니다. 거짓말로 불쌍한 척 보여서, 나리한테 청심환을 얻으려고 했나 봅니다. 청심환이 없으시다니까, 대신 참외를 바가지 씌워 팔아먹은 거군요."

"그럴 리가! 그 늙은이가 억울하다고 울어 댈 때 눈물이 비 오듯 쏟아졌다네. 그 갑작스러운 눈물은 어디서 솟았단 말인가?"

창대가 말했다.

"거짓말쟁이가 갑작스레 눈물 흘리는 건 일도 아니지요. 저도 거짓말할 땐 저도 모르게 눈물이 줄줄 나오는걸요.

해 볼까요?"

나는 참외를 깎아 뚱선비님께 내놓았다.

"그래도 참외가 맛있기는 하잖습니까. 참고 드시지요."

"네 말이 맞다."

뚱선비님은 껄껄 웃고 말았다.

참외를 먹던 창대가 문득 눈물을 줄줄 흘렸다.

"어디가 아프냐?"

창대가 눈물을 뚝 그치더니 우쭐대었다.

"보십시오, 눈물은 이처럼 흘리기 쉽습니다요."

### 7월 14일 나무다리, 초상집, 돼지 잔치

요동 천리는 흙이 떡가루처럼 보드랍다. 비를 맞으면 온 땅이 진반죽처럼 된다. 자칫하면 무릎과 허리까지 빠진다. 어른들이 그럴 정도니 아이들은 빠져 죽을 수도 있다. 한 다리가 빠져 간신히 빼면 다른 다리가 더 깊이 빠지니 헤어나기도 어렵다. 온몸이 빨려 들어가 흔적도 없이 사라지는 사람이 해마다 수백 명이다. 그래서 요동 천리에 깐 것이 바로 나무다리란다.

사흘간 걸어온 나무다리는 정말로 대단했다. 무려 200리(약 80킬로미터)에 걸쳐 깔렸다. 그렇게 길게 깔린 나무들이 한결같았다. 한 군데도 들쭉날쭉한 데가 없이 고르게, 양쪽을 칼로 잘라 놓은 듯이 똑바르게, 나무로 큰길을 내놓은 것이다.

중국에서 보고 놀란 것이 적지 않지만 나무다리만큼 나를 놀라게 한 것은 없다.

나무다리가 없었을 땐 사신단이 어떻게 중국에 갔을까? 생각만 해도 끔찍했다.

어느 고을의 거리를 지날 때였다. 갑자기 요란스러운 풍악이 울렸다. 어찌나 큰 소리였는지 뚱선비의 단짝인 변의원이 귀를 막으며 저쪽으로 도망가 버렸다. 호기심 많은 뚱선비는 풍악이 울린 집 대문으로 다가갔다.

"나리, 그냥 가시지요! 왠지 기분이 안 좋습니다!"

"내가 책에서 읽었기로 이런 풍악 소리는 상갓집에서 울리는 것이다. 중국의 초상집을 구경할 기회를 얻었는데 그냥 지나칠 수는 없다. 들어가 봐야겠다."

나는 기겁했다.

"초상집이라굽쇼? 초상집을 왜 들어갑니까?"

구경거리라면 호랑이 굴에도 찾아갈 분이라는 걸 알겠지만 초상집에까지 들어가려 하시다니. 뚱선비도 저어되기는 했는지 대문까지 가기는 했지만 선뜻 못 들어가고 머뭇거렸다.

돌연 집 안에서 중국 사람이 뛰어나왔다. 중국 사람은 뚱선비 앞에 와서는 대나무 막대를 던지고는 울면서 두 번 절했다. 엎드릴 때는 머리가 땅에 닿도록 조아렸고, 일어설 때는 발을 굴렀다. 딱 보니 상주 같았다.

상주를 따라 나온 여섯 사람은 머리에 흰 두건을 쓰고 있었다. 여섯 사람은 얼떨결에 말에서 내린 뚱선비를 양쪽에서 부축하고는 대문으로 들어가 버렸다. 뚱선비를 문상 온 사람으로 착각한 게 틀림없었다.

"장복아, 이 일을 어쩐다냐!"

"호랑이 굴에 들어가도 정신만 차리면 산다잖습니까? 정신 차리세요!"

"너나 잘 따라오너라. 이런 일 당할 때마다 나보다 네가 더 걱정이다. 너를 잃어버릴까 봐!"

그런데 이건 또 무슨 일인가. 우리가 아는 사람이 보였다. 마두 이동이 아닌가. 이동도 놀라서 물었다.

"나리, 어찌 된 일이십니까?"

"나도 모르겠네. 얼떨결에 잡혀 들어왔네. 나를 문상객으로 오해한 것이겠지."

"하아, 그러셨군요. 소인은 이 집에서 죽은 사람과 친하게 지냈습니다. 좀 전에 들어와서 벌써 조문을 마치고 나오는 길입니다."

"중국에서는 대체 어찌 조문을 하는가?"

"왜요, 하시려고요?"

"이왕 들어왔으니 해 보고 싶네. 한 사람이라도 더 문상을 하면 죽은 사람도 좋아할 것 아닌가."

"그렇게 하시지요. 간단합니다. 상주의 손목을 잡고서 '너의 어른이 하늘로 가셨다지'라고 하시면 됩니다."

이동은 '너의 어른이 하늘로 가셨다지'에 해당하는 중국 말을 가르쳐 주었다. 나는 단번에 배웠지만, 뚱선비는 다섯 번이나 거듭하고서야 그 중국 말을 할 수 있었다.

"중국에서는 부조 같은 것을 않나?"

"왜 않겠습니까. 조선의 장례 풍습이 다 중국의 장례 풍습을 본받은 것인데 비슷하지요. 제게 흰 종이가 몇 권 있습니다. 그걸 갖다 드리지요."

"상주가 저기 계시군. 대문 밖에서 이미 절까지 받았는데, 또 봐야 한다는 것이지?"

"엥? 이미 보셨다고요? 그럼 따로 볼 필요는 없습니다."

"'너의 어른이 하늘로 가셨다지'는 괜히 배웠구나."

"주인이 술과 과일을 대접할 것입니다. 좀 앉았다 가십시오. 한 입도 안 먹고 후딱 일어나시면 상주가 화를 냅니다."

"조선도 마찬가지 아닌가. 술이라면 언제라도 환영일세."

뚱선비가 탁자 앞 걸상에 앉으니 음식이 나왔다. 국수 세 그릇, 과실 한 쟁반, 두부 한 소반, 채소 한 쟁반, 차 두 잔, 술 한 주전자. 국수가 내 몫까지 나온 것이다. 차마 주인님과 겸상할 수는 없고 나는 국수 그릇을 들고 서서 먹었다. 그간 국숫집에서 사 먹었던 국수와는 비할 수 없게 맛있었다.

"저것도 먹거라!"

이동이 백지를 가지러 갔기 때문에, 국수 한 그릇은 퉁퉁 불고 있었다. 주인님이 먹으라는데 안 먹으면 종놈이겠나. 나는 고것도 면발 한 가닥까지 박박 긁어 먹어 치웠다.

이동이 뚱선비가 부조하는 것이라 하며 흰 종이를 전하니, 상주가 감사 인사를 하러 왔다. 상주가 찾아 주어 고맙다며 자기 아버님과는 어떻게 아시느냐고 물었다. 뚱선비는 잘도 꾸몄다. 옛날 중국에 왔을 때 이 집에 들러 융숭한 대접을 받은 적이 있고 그때부터 친구가 되었다나. 이동은 뚱선비의 거짓말을 천연덕스럽게 통역했다.


저녁을 먹고 창대가 말했다.

"나리, 소흑산에서는 저희 아랫것들끼리 돼지고기 추렴

---

추렴 • 모임이나 놀이 또는 잔치 비용으로 여럿이 각각 얼마씩의 돈을 내어 거두는 것을 말한다.

을 하는 게 풍습입니다요. 장복이를 데리고 다녀오겠습니다."

"세상에 그런 풍습이 어디 있단 말이냐? 상전을 팽개쳐 두고 아랫것들끼리만 먹는단 말이냐? 그런 웃기는 풍습이 언제부터 생겼더냐? 누가 만들어 냈더냐?"

"그걸 제가 어찌 알겠습니깝쇼. 그저 옛날 옛적부터 전해져 내려오는 게지요. 뭐, 이런 것 아닐까요. 저희 마두, 경마잡이, 장복이 같은 종놈들이 한양서부터 나리들 모시고 오느라고 그 얼마나 고생했나요. 이제 연경도 멀지 않았으니, 이쯤에서 아랫것들끼리 고생하느라고 쌓인 피로를 풀어 보자, 뭐 그러자고 생겨난 자리 아닐깝쇼."

"아랫것들끼리만 모이면 상전 욕깨나 하겠구나. 너희는 내 욕을 얼마나 할 셈이냐?"

"나리처럼 잘해 주시는 상전한테 무슨 할 욕이 있겠습니까요. 저희는 다른 상전 욕하는 거나 듣겠습니다."

똥선비는 돼지고기 추렴하는 데 보태라며 중국 엽전 100닢을 가져가라고 했다.

마두, 경마잡이, 종놈들이 둘러앉았다. 돼지 다섯 마리를 통째로 삶아서 가운데 놓았다. 먹고 싶은 만큼 떼어 배 터지도록 먹었다. 나만 빼놓고 술도 진탕 마셨다. 형들은 술을 가르쳐 주겠다며 괴롭혔지만 나는 한 방울도 입에 대지 않았다. 나는 하늘이 두 쪽 나는 일이 있어도 술을 안 마시기로 맹세한 소년이다. 그간 살면서 술 마시고 망가진 어른들을 얼마나 많이 봤던가. 우리 아버지부터가 소문난 술주정뱅이였다. 나만이라도 평생 맨 정신으로 살아 볼 작정이다. 그러려면 절대로 술을 배워서는 안 된다!

먹고 마시기만 한다면 무슨 재미랴. 재주를 자랑하며 놀았다.

득룡이는 중국 말, 몽골 말, 왜국 말, 유구 말을 다 섞어 괴상한 노래를 불렀는데 무지하게 웃겼다.

이동은 중국에 왔으니 중국 하면 생각나는 『적벽가』를 하겠다고 나섰는데, 정말이지 무슨 전쟁이라도 난 것처럼 실감나게 불렀다.

---

적벽가 • 판소리 열두 마당의 하나로 『적벽전』에서 관우가 조조를 잡지 않고 길을 터 주어 조조가 화용도까지 달아나는 장면을 노래한 것이다.

창대는 물구나무를 서더니 막 돌아다녔다.

나에게도 뭘 해 보라고 성화였다. 나는 우리가 모시는 양반과 역관들의 몸짓과 목소리를 흉내 냈다.

"똑같다, 똑같아! 해 볼 수 있는 사람은 다 해 봐라."

세 사람 정도만 하려고 했는데, 반응이 이와 같으니 그만두랄 때까지 해 보기로 했다. 결국 양반 스무 명과 역관 열아홉 명과 그 밖의 중인 여남은 명 해서, 무려 쉰 명 가까운 사람의 흉내를 냈다.

## 7월 15일 호랑이 소동

서른 명쯤 되는 사람들이 떠들썩하게 오고 있었다. 사람들 사이에 수레가 있었고, 수레에 실린 나무 상자에는 놀랍게도 호랑이가 갇혀 있었다. 숱하게 말만 들었지 진짜 호랑이는 처음 보았다. 그래도 단박에 호랑이임을 알 수 있었다. 저렇게 크고 무시무시하고 때깔 나게 생긴 짐승이 호랑이님 말고 또 있겠나!

호랑이가 어흥어흥 울었다. 짜장 산천초목을 벌벌 떨게 만드는 울음소리였다.

중국 사람 중 하나가 큰 소리로 왕왕거렸다.

조수삼이 통역해 주니 이런 말이었다.

"우리 마을에 나타나 소, 돼지, 양을 막 잡아먹던 놈입니다. 말도 마세요. 이놈 잡으려고 한 해 동안 함정만 팠습니다. 파고 파고 또 팠지요. 커다란 구덩이를 파 놓고 술 먹인 멧돼지 한 마리를 넣어 놓았지요. 호랑이 놈이 술 먹은 멧돼지를 먹고 저도 취해서 쓰러져 버렸지요!"

어째 불쌍해 보였다. 산에서 왕 노릇 하던 녀석인데 나무 상자에 갇혀 있으니 너무 안쓰러웠다.

마을 사람들은 관아로 호랑이를 바치러 간다고 했다. 죽은 호랑이는 상금이 은자 50냥인데, 산 호랑이는 은자 100냥이라고 했다.

마을 사람들과 헤어져서 몇 걸음 갔을 때였다. 비명이 들렸다. 무슨 일인가 돌아보았더니, 아까 그 호랑이가 달려오고 있었다. 호랑이가 나무 상자를 박살 내고 뛰쳐나온 것이다. 우리는 너무 놀라서 얼어붙었다. 호랑이는 훌쩍 뛰어올라 우리 머리 위로 넘어갔다.

우리가 정신을 못 차리고 있는데, 또다시 호랑이가 우리 쪽으로 왔다. 보니 저쪽에 창을 든 군사들이 쫓아오고 있었다.

호랑이가 하필이면 나한테 달려왔다. 나는 얼떨결에 두 팔을 높이 들었다. 나는 죽었습니다요, 뭐 이런 몸짓이었다. 무지막지한 아픔과 함께 내 몸이 붕 떴다. 호랑이는 나를 먹으려고 달려든 게 아니라 내 등 뒤쪽의 웅덩이로 뛰어든 거다. 나는 호랑이하고 부딪혔고, 덩달아 웅덩이로 떨어져 버렸다.

그냥 웅덩이가 아니었다. 소용돌이치고 있었다. 내가 헤엄을 잘 친다 해도 소용돌이 앞에서는 어떻게 할 수가 없었다. 빙글빙글 허우적대는 내 손에 털 뭉치 같은 게 잡혔다. 지푸라기라도 잡는 마음으로 털 뭉치를 꽉 잡았다. 그것은 호랑이 꼬리였다.

역시 소용돌이에 갇혀 빙빙 돌던 호랑이가 한순간 솟구쳤다. 호랑이 꼬리에 매달려 있던 나도 솟구쳤다. 호랑이와 나는 무사히 소용돌이를 빠져나왔다. 내가 꼬리를 놓아주자, 호랑이는 빠르게 헤엄쳐 달아났다. 나도 가까스로 헤엄쳐 웅덩이 바깥으로 나올 수 있었다. 저편 숲으로 들어간 호랑이가 뒤를 돌아보았다. 나와 눈이 마주쳤다.

나도 모르게 소리쳤다.

"살려 줘서 고맙다, 중국 호랑이야!"

호랑이는 헐헐 웃고는 가 버렸다. 호랑이가 나를 보고 웃었다는 말을 아무도 믿지 않았다. 창대는 어린 게 벌써부터 거짓말에 도가 텄다고 꿀밤을 때리기까지 했다.

억울하다! 틀림없이 호랑이는 나를 구해 줬고 나를 보고 웃었단 말이다. 충격을 받아서 오락가락한 거라고? 죽을 뻔한 통에 헛것을 본 거라고? 아니다! 나는 의주에 있는 난향이를 걸고 맹세하는 바이다. 나는 정말로 호랑이님과 눈빛을 나누었다!

## 7월 16일 하늘의 조화

새벽녘에 길을 떠났다. 둥근달이 서쪽 땅 위에 걸려 있었다.

뚱선비가 요새 한참 친하게 지내는 정 진사에게 은근히 말했다.

"참 이상도 하이. 오늘은 해가 서쪽에서 뜨네그려!"

뚱선비가 정 진사를 골려 먹으려고 장난말을 한 것이다.

정 진사는 쉽게도 속아서 대꾸했다.

"그러게 말일세. 참 기이하구먼."

모두가 실컷 웃었다. 달이 서쪽 땅 끝으로 완전히 떨어져 보이지 않게 되었다. 그제야 정 진사도 속은 걸 알고 허허 웃었다.

동쪽에서 붉은빛이 가로 뻗치고 있었다. 붉은빛은 갑작스레 천만 개의 기이한 봉우리로 변했다. 그중에서도 우뚝 솟은 봉우리가 있었다.

"백두산까지 훤히 보이는구나!"

똥선비가 또 장난말 하는 것인 줄 알았다. 하지만 마두들도 입을 모아 "맞습니다, 백두산입니다!" 했다. 모두 탄성을 질렀다. 나는 가슴이 뜨거워졌다. 말로만 듣던 백두산이란 말인가.

구름과 안개가 걷히고 해가 높이 솟자 모든 산봉우리는 말끔히 사라졌다.

멀리 떨어진 마을 숲에서 밝은 빛이 퍼져 나왔다. 빛이 물방울처럼 변하더니 하늘에 어리는 것이었다. 연기도 아니고 안개도 아니고 구름도 아닌, 꼭 물웅덩이 같은 것이 하늘에 생겼다. 마을과 숲과 들판이 그 물웅덩이 같은 하늘에 또 있었다.

우리들은 거울 같은 물웅덩이 하늘을 멍청히 올려다보았다. 저 물웅덩이에 우리들 모습도 틀림없이 있을 테다.

득룡이 말했다.

"날씨가 청명하고 바람 한 점 불지 않는 잔잔한 날엔 요동 천리 어디에서나 볼 수 있지요. 하지만 바람 한 점 없는 날이 어디 흔한가요. 저도 삼 년 만에 다시 봅니다. 참 신기하단 말입니다."

## 7월 17일 청나라 역관

우리 사신단에는 조선인 역관만 있는 게 아니었다. 청나라 역관도 있었다. 청나라에서 조선 사신단을 호위하고 보살피고 길잡이를 하라고 붙여 준 역관이랬다. 그 청나라 역관의 이름은 쌍림이었다.

쌍림은 아무 일도 하지 않았다. 사신단을 호위하지도 않았고 보살피지도 않았고 길잡이를 하지도 않았다. 맨 뒤에 처져서는 수레에 앉아 거들먹거리기나 할 뿐이었다.

어떤 때는 수레를 빠르게 달려 정사 나리를 앞질러 버리기도 했다. 감히 정사 나리한테 그따위로 아무렇게나 구는 놈이니, 다른 양반과 역관한테는 얼마나 싹수머리 없게 굴었겠는가.

쌍림을 따라다니는 종놈이 넷이었다. 그중에 제 주인만큼이나 버릇없는 놈이 하나 있었다. 그놈은 팔뚝에 매를 얹고 다니며 꿩 사냥을 일삼는 것이었다.

우리가 "와, 꿩이다!" 하고 있는데 어디선가 날아온 매가 꿩의 목을 발톱으로 찍었다. 그러면 그 종놈이 뛰어가 꿩을 잡아채고 좋다고 웃어 댔다. 놈은 툭하면 매를 날렸다. 꿩도 안 보이는데 말이다. 갑작스레 날아오는 매 때문에 놀라서, 말에서 떨어지고 길에 넘어진 사람이 한둘이 아니었다.

하여간 그놈이 매만 날리면 우리는 꿩이라도 된 것처럼 겁을 먹고 허둥지둥했다. 우리가 허둥지둥하는 꼴을 보고 쌍림은 손뼉을 치며 낄낄대는 것이었다.

쌍림이라는 자가 뚱선비를 높이 본 모양이었다. 뚱선비만 보면 살갑게 굴며 알랑방귀를 뀌었다. 뚱선비는 성격상 그렇게 아양 떠는 사람을 좋아하지 않아 차갑게 대했다.

그런데 오늘 아침엔 뚱선비가 쌍림을 우연히 만났을 때 환하게 웃었다.

엊그제인가 조수삼이 선비님께 말했다.

'나리, 마음대로 구경을 다니고 싶으면 쌍림이한테 잘해야 할 겁니다. 쌍림의 말 한마디에 못 볼 것도 볼 수가 있고, 볼 수가 있는 걸 못 볼 수도 있습니다.'

뚱선비는 앞으로 구경을 마음대로 하고 싶어서, 쌍림에게 비위를 맞춰 주기로 한 모양이다.

쌍림이 어설픈 조선말로 떠들었다.

"영감이 글을 최고로 잘 쓴다면서. 우리 집 대문에 붙일 글 한 장만 써 줘. '자자손손 부귀영화'라고 써 줘. 공짜로 써 줘. 나는 돈이 없어. 참, 방금 뭘 먹던데, 그거 청심환 맞지? 진짜 청심환, 나 먹고 싶다. 청심환 좀 줘. 부채 죽이네. 그 부채 나 줄 수 없나?"

뭐, 이런 놈이 다 있나! 아무렇지도 않게 다 달라니. 날강도 같은 놈이잖아.

뚱선비는 억지로 미소를 지으며 고개를 끄덕였다.

"드리고말고! 한데 말이오, 당신이 타고 다니는 태평차라는 수레를 꼭 한 번 타 보고 싶은데 되겠소이까."

쌍림은 세 마리 말이 끄는 수레를 손수 몰았다. 왼편에 뚱선비를 앉혔다. 쌍림이 자꾸 말을 걸었지만, 뚱선비는 딴전을 피웠다.

쌍림이 문득 나를 보고 말했다.

"너, 여기 올라앉아라!"

쌍림이 가리킨 데는 말들과 수레를 잇는 끌채였다. 나는 끌채 위에 엉덩이를 올려놓았다.

"너, 우리 아버지를 본 적이 있느냐?"

쌍림의 아버지는 청나라 조선어 통역관 중에서 으뜸 우두머리란다. 중국 황제의 사신을 따라서 우리나라에 자주 왔단다. 그런 귀한 사람을 나 같은 종놈이 봤을 리가 있나.

하지만 나는 천연덕스레 지껄였다.

"저번에 오셨을 때 봤습죠. 수염이 끝내주시던데요."

쌍림이 수염이 수북하니, 그의 아버지도 수염이 수북하리라 넘겨짚은 것이다.

"어허, 네가 진짜 우리 아버지를 봤구나. 무슨 얘기라도 나눴더냐?"

"재미난 일이 있었습죠. 영감의 아버님 뒤에서 제가 노래를 불렀더니, 저를 따로 불러서는 '네가 목청이 참 좋구나. 계속 부르거라' 해서 그날 목이 터져라 노래를 불러 댔습죠. 애썼다고 과자까지 상으로 주셨는걸요."

"그래, 그랬구나. 근데 우리 아버지 눈깔이 매섭지 않더냐? 나, 우리 아버지 눈깔 정말 무섭다."

"마치 꿩 잡는 매의 눈깔처럼 무서웠습죠!"

"너, 장가는 들었느냐?"

"아직 열세 살밖에 안 되었습죠. 좋아하는 계집애는 난향이라고 있습니다만, 집이 가난해서 맺어질지 모르겠습죠. 의주에서 저를 기다리기로 했는데, 너무 보고 싶어요."

"불쌍하다, 불쌍하다!"

쌍림은 뚱선비와 얘기하는 것보다 나랑 떠드는 것이 훨씬 흥미로운지, 나하고만 얘기했다. 뚱선비와 창대는 쌍림과 내가 얘기하는 것을 보고 자꾸 웃었다.

좀 웃기기는 할 테다. 쌍림은 조선말이 어설펐다. 순전히 제 아버지 배경으로 조선어 통역관이 된 모양이다. 나는 압록강 건넌 뒤부터 여기까지 오는 동안 주위들은 청나라 말을 일부러 섞어 썼다. 어설픈 조선말과 어설픈 청나라 말이 뒤섞이니, 사람들 귀에는 꽤 우습게 들렸을 테다.

"너는 무슨 재주가 있느냐? 잘하는 게 있느냐?"

"돌팔매질을 기똥차게 잘합니다. 뭐든지 잘 맞힙니다."

"오호, 그래! 네 솜씨를 당장 보자."

"뭐를 맞힐깝쇼! 가만히 있는 것은 시시해서 싫고 움직이는 거면 좋겠는뎁쇼."

나는 하늘을 빙빙 돌고 있는 매를 바라보며 말했다. 방금 전 쌍림의 종놈이 매를 날렸다. 매는 앞서 가던 우리 사신단을 한바탕 놀라게 했다. 꿩도 없는데 또 장난질을 친 것이다.

나는 매를 가리키며 말했다.

"저렇게 날고 있는 매도 맞힐 수가 있습죠."

쌍림은 말도 안 된다는 듯 비웃었다.

"불가능하다, 불가능하다!"

"저에겐 쉬운 일입죠."

"맞혀 봐라, 맞혀 봐라!"

"매 주인이 허락을 해 줄지 모르겠는뎁쇼."

매 주인인 종놈이 화가 나서 조선말로 소리 질렀다.

"맞히지 못하면 네 손모가지를 자르겠느냐?"

나는 겁 없이 대답했다.

"자르겠소!"

나는 수레에서 내려 맞춤한 돌멩이 하나를 주웠다. 내가 던진 돌멩이가 매를 향해 날아갔다. 저 멀리에서 매가 뚝 떨어졌다. 종놈은 "매야, 매야!" 소리 지르면서 막 뛰어갔다. 매를 죽일 생각은 없었다. 그래서 다리를 정확히 맞추었다. 다리가 부러진 매를 다시 날게 하려면, 몇 달은 극진히 보살펴야 할 테다.

우리 사신단 일행이 좋아서 막 손뼉을 쳤다.

나는 잠들 때까지 칭찬을 받았다. 상금이라면서 엽전 한두 닢을 준 양반도 여럿이었다.

## 7월 18일 마두 개똥이

중국에 온 이후 처음으로 쓸쓸하고 가난한 고을을 지났다. 마을들은 딱 보아도 못사는 사람만 모여 사는 동네 같았다. 길거리 가게는 손님이 드물어 파리나 잡는 듯했다.

뚱선비가 득룡이에게 물었다.

"여기는 대체 왜 그런가?"

"몽골 오랑캐랑 가까운 데라 그렇습니다. 오랑캐 놈들이 빠른 말로 달려와서 수시로 노략질을 해 대니, 사는 사람들도 별로 없고, 그나마 사는 사람들은 가난할 수밖에 없지요."

"몽골 오랑캐가 아직도 중국에 항복하지 않았단 말인가? 저번에 우리가 본 몽골 사람들은 뭔가?"

"몽골이 엄청나게 큽니다. 조선 같은 나라가 열 개도 넘지요. 거의 다 중국에 항복했지만 아직도 까부는 놈들이 있어요. 그놈들이 툭하면 쳐들어오는 거지요. 왜구가 우리나라 바닷가 마을을 노략질하는 거나 똑같습니다."

"우리 사신단도 위험하지 않겠는가."

"그렇지 않아도 큰일 날 뻔했습니다."

사흘 전 몽골 오랑캐 오백여 명이 쳐들어와 저쪽 강가에 진을 치고 있었단다. 오랑캐들은 사신단의 봉물을 후닥닥 빼앗아 달아날 속셈이었다. 다행히 우리 사신단이 사흘이나 늦게 오는 바람에 화를 피할 수 있었다. 어제 여기저기서 모은 병사 천여 명으로 공격하자, 오랑캐들은 휙 달아났다는 것이다.

개똥이는 마두 중에 막내였다. 봉물 실은 말들을 보살폈다. 나보다 두 살이 많았다. 종놈 중에서는 내가 가장 어렸고, 마두 중에서는 개똥이가 가장 어렸다.

 개똥이는 내가 봐도 잘생겼다. 사내가 저리 잘생기기 힘든 법이다. 양반과 역관은 개똥이를 볼 때마다 "고놈, 잘생겼구나!" 한마디씩 했다. 나는 배가 아팠다. 나한테는 잘생겼다고 말한 분이 한 명도 없었기 때문이다.

 책문에 들어서기 전에는 개똥이와 자주 어울렸다. 책문에 들어선 후에는 거의 만날 수가 없었다. 뚱선비님은 늘 앞서 갔고, 짐 실은 말들은 맨 뒤에서 왔기 때문이다.

 고교보란 곳에서 개똥이와 딱 마주쳤다. 처음엔 몰라봤다. 새까맣게 타고 때가 덕지덕지 낀 얼굴로 누가 "장복아!" 부르는 것이었다. 한참을 들여다보니 개똥이였다.

 "야, 너 완전히 까마귀 같구나!"

 개똥이만 그런 게 아니었다. 봉물 마두들은 다 새까맸다. 세수 한 번 안 하고, 망건 한 번 갈아 쓰지 않은 모양이었다. 머리카락이 위로는 새가 백 마리쯤 살게 뒤엉켰고 아래로는 처녀 귀신이 친구 하자고 덤빌 만큼 치렁치렁했다. 옷차림도 엉망이었다. 바지를 눈에 적셔 빨면 먹물이 몇 바가지는 나올 만큼 더러웠다.

개똥이가 신기하다는 듯이 말했다.

"너는 어째 그리 깨끗하냐? 종놈 주제에. 얼굴은 나처럼 탔지만 머리도 단정하고 옷도 깨끗하구나."

"내가 모시는 뚱선비님이 더러운 걸 싫어하셔. 날마다 빨아 입고 틈나는 대로 박박 씻어야 돼."

고교보 사람들은 쌀쌀맞았다. 이제까지 오면서 우리 사신단에게 이토록 불친절한 사람들은 없었다. 말대답도 시원하게 하지 않았고, 밥도 성의 없게 차려 주었고, 숙소에서 꼼짝 못하게 했다. 저녁 먹고 숙소를 나가 쏘다니는 게 일이었던 뚱선비는 답답해서 미치려고 했다.

백동수가 말했다.

"여기서는 밤 나들이를 참으시지요."

"왜들 이리 삭막한가? 마치 우리를 원수 대하듯 하네그려."

"그럴 만하지요."

사 년 전이었다. 우리 사신단이 이 고장에서 묵을 때 나랏돈 은자 천 냥을 잃어버렸다. 한두 냥도 아니고 천 냥을 도둑맞은 것이다. 이 일이 중국 황제에게 보고되었다. 황제는 화가 나서 고교보의 사또를 잘라 버렸다. 또한 고장 사람들이 은자 훔친 도둑으로 몰려 수없이 끌려가 심문을 받았다. 고문 받다가 얻어맞아서 죽은 사람도 다섯 명이나 되었다. 진짜 도둑은 끝내 잡지 못했다.

그런데 고장 사람들은 도둑이 자기네 중국인이 아니고 사신단에 있는 조선 사람이라고 믿었다. 조선 사신단 사백 명 중에 누군가가 사신단의 은자 천 냥을 훔친 것인데, 억울하게도 그 고장 사람들이 죄를 뒤집어썼다는 것이다.

"그 일 이후 조선 사람을 원수처럼 싫어들 합니다."

"그게 사실이라면 이 고장 사람들이 억울하기는 하겠군. 진실은 무엇인가?"

"은자 천 냥의 진실은 알 수가 없지요. 하지만 우리 사신단 중에 도둑놈이 많은 것은 사실이지요."

"의주 출신 봉물 마두들 말인가?"

"그렇지요. 그자들은 의주에서 연경까지 말 모는 것으로 삽니다. 우리 조정에서 주는 것이라고는 달랑 백지 예순 권이지요. 그것 말고는 아무것도 안 줍니다. 따로 밥도 안 챙겨 주고 옷도 안 주지요. 그러니 어쩌겠습니까. 닥치는 대로 훔쳐 먹는 거지요. 돈이 될 만한 것을 되는 대로 훔쳐서는 팔아먹기도 하고요."

"중국에서 큰 문제를 삼지 않는가?"

"도둑맞은 중국인들이 관가에 신고를 하지 않습니다. 신고를 해 봐야, 신고한 사람만 들볶이거든요. 의주 마두 놈들도 그걸 아니까 대놓고 도둑질을 해 대는 겁니다."

"도둑질하는 놈들이 못되었기는 하네. 허나 의주 마두들이 그렇게 하도록 놓아두는 우리 조정도 잘못 아닌가?"

"사신단이 귀국해서 보고할 때마다 조정에 그 이야기를 합니다만, 나라에 무슨 돈이 있냐면서 들어 먹어야 말이지요."

의주 마두들은 숙소도 따로 얻지 못했다. 사신단이 묵는 숙소에서 가까운 들판이 그들이 자는 곳이었다. 말이 싣고 온 봉물도 지켜야 하고 그 말도 지켜야 하니 차라리 그게 속 편하기는 하겠다.

창대가 눈물을 흘리며 말했다.

"나는 양반님의 경마잡이여서 배곯지 않고 편하게 간다.

하지만 짐말 끄는 마두들은 도둑놈 소리 들어 가며 힘들게 간다. 그런데 오늘은 어디 가서 훔쳐 먹을 수도 없으니 다들 쫄쫄 굶을 거 아니냐. 마두 형님들을 생각하니 슬프다."

"개똥이도 굶고 있겠네요."

나는 양식 담당 군관을 찾아가 말했다.

"오늘 같은 날은 짐말 마두들한테도 밥을 주어야 하지 않나요?"

군관이 내 엉덩이를 뻥 찼다.

"이놈이 오냐오냐했더니 아주 가르치는구나. 분명히 나라에서는 놈들에게 백지 예순 권씩을 주었다. 그걸로 충분히 밥을 먹으면서 갈 수 있어. 근데 그놈들은 그걸 가족에게 주고는 일부러 도둑질로 가는 거야."

"가족을 먹여 살리려는 마음이 갸륵하지 않나요?"

"가족을 먹여 살렸으니 굶어도 싸다. 놔둬라! 하루 굶는다고 사람이 죽는다더냐."

양반에게는 먹고 남을 밥과 반찬이 나왔다. 남은 걸 종들이 나눠 먹고도 남았다. 나는 종놈들에게 아양을 떨어 식은 밥을 얻어 냈다. 조수삼에게 부탁하여 역관들이 남긴 밥과 찬도 얻어 냈다.

　밥과 반찬을 섞어 한 주먹씩 되도록 둥글게 뭉쳤다. 주먹밥을 만든 것이다.

　창대와 함께 의주 말꾼들이 모여 자는 데로 갔다. 창대가 주먹밥을 내놓자, 다들 달라붙어 아귀처럼 먹었다.

　어린 사람부터 챙겨 주지 않을 걸 뻔히 짐작했다. 나이 어린 개똥이는 주먹밥을 차지하지 못하고 손가락만 빨았다. 나는 개똥이를 언덕 밑으로 데리고 가서 따로 챙겨 온 주먹밥 두 개를 주었다. 개똥이는 막 새끼 깐 돼지처럼 먹었다.

"나는 종놈이래도 팔자가 늘어졌는데 개똥 형은 마두씩이나 되어서도 참 고생이네."

"팔자지, 뭐!"

"앞으로도 밥을 챙겨 줄게."

"아니야, 그럴 필요 없어. 이 고장만 지나면 또 훔쳐 먹으며 갈 수 있대."

"도둑질은 나쁘잖아!"

"어쩔 수 없어. 먹고살아야 하니까."

"개똥 형도 백지 예순 권 받은 거 가족 주고 왔어? 그걸로 가족이 몇 달이나 먹고살아?"

"보름이나 먹고살면 다행인걸."

"그럼 버는 것도 별로 없네."

"장사를 해야지. 다들 연경에서 팔 것들을 꼭꼭 숨기고 있어. 연경에서 그걸 팔아 조선에서 팔 물건들을 사는 거야. 열 배 백배 이문을 남길 수 있지. 그걸로 먹고사는 거야. 그래서 마두 노릇을 기어이 하는 거고."

"그거 법으로 금지된 거 아냐?"

"금지되었다고? 하지만 다 그러잖아. 군관과 역관 중에 사실은 장사치인 놈들이 열 명은 될걸. 역관들이 돈 받고 장사꾼을 대신 끼워 준 거지. 양반들은 돈 받고 군관 대신 장사꾼을 데리고 가고. 종놈들 중에도 사실은 장사치인 놈들이 쌨어. 다들 나처럼 중국 가서 팔 물건 하나씩 숨겨 가지고 있을걸. 우리도 그러겠다는 건데 뭐가 잘못됐어?"

나도 들은 소문이 있어 개똥이가 하는 말이 무슨 말인지 알아들었다. 나는 뭐라고 대꾸할 말이 없었다. 그저 개똥이가 잘 먹는 것을 구경이나 했다.

## 7월 22일 털모자

털모자를 파는 가게가 세 군데 있었다. 셋 다 대궐처럼 큰 가게였다. 가게 안쪽에는 모자를 만드는 공장이 따로 있었다. 보기만 해도 더워 보이는 양털이 산처럼 쌓여 있었다.

조선에서는 양이라는 동물을 본 사람이 드물다. 나도 중국 땅에서 양을 처음 봤다. 중국에는 양이 물고기처럼 많단다. 양은 털이 더부룩하게 자라는데, 그걸 깎아서 옷도 만들고 모자도 만든다는 것이다.

홀딱 벗은 일꾼들은 손을 부지런히 놀리고 있었다. 뭘 어떻게 했는지 모르겠는데 털모자 하나가 뚝딱 생겼다. 뚝딱 만들어진 털모자가 한쪽에 산더미로 쌓여 있었다.

뚱선비가 말했다.

"아주 쉬워 뵈는구나! 나도 만들 수 있겠구나."

사신단 사람들 거의 전부가 털모자를 사기로 계약했다. 양반, 역관, 군관, 마두, 종놈, 모두가 계약을 했다. 지금 바로 돈을 내지 않아도 되니 일단 계약하고 보는 것이다.

창대가 말했다.

"조선 사람들이 쓰고 다니는 양털 모자가 다 이 가게에서 나온 거야. 이거 하나 쓰면 겨울에 끄떡없거든. 이것처럼 좋은 선물이 없어."

다들 꿍쳐 갖고 가는 물건을 연경에 가서 팔면 돈을 벌게 되는데, 아무리 장사에 서투른 사람도 털모자 살 값은 번다는 것이었다.

창대는 열 개나 사기로 계약했다. 창대도 팔 물건을 꿍쳐 갖고 있는 모양이다.

내가 부러운 듯이 쳐다보고 있자 뚱선비가 나도 계약하라고 했다.

"네가 고생이 많으니 내가 사 주마!"

부모님과 동생들에게 줄 선물을 예약해 두고 나니 마음이 날아갈 듯했다.

털모자를 사지 않은 사람은 뚱선비뿐이었다. 뚱선비는 못마땅하다는 듯 말했다.

"어허, 중국의 털모자는 조선 사람들이 다 산다더니 정말 그렇구나. 털모자는 기껏해야 한두 계절 쓰고 버리는 것이다. 하지만 우리가 가져온 은은 영원한 것이다. 영원한 은을 저따위 털모자와 바꾸다니, 참 한심한 일 아니냐?"

"사람이 영원히 사는 것도 아닌데, 한두 해 겨울이라도 털모자 쓰고 따뜻하면 좋은 거 아닌가요?"

내 말에 뚱선비는 껄껄 웃었다.

# 5부 만리장성을 넘어

## 7월 23일 만리장성

　멀리서 볼 때는 몰랐다. 만리장성의 어마어마함을. 만리장성에 견준다면, 우리나라 성벽은 꼬맹이 장난이었다.
　높다란 성벽 곳곳에는 성벽보다 더 높게 '장대'라는 것을 지어 놓았다. 장대는 네모난 성 같았다.
　장대로 올라가는 길은 험했다. 바윗돌을 깎아 만든 돌계단이 백 층은 되는 듯했다. 한 층의 높이가 내 키의 절반은 되었다. 두 손으로는 위층 돌 모서리를 꽉 붙잡고, 몸뚱이를 비스듬히 해서 두 발로 돌벽의 중간을 찼다. 그러면 몸뚱이가 붕 떠서 위층에 겨우 올라설 수 있었다.
　어른도 힘들기는 마찬가지였다. 나처럼 낑낑대며 올라갔다.
　양반과 역관은 보기에 불쌍할 정도였다. 마두나 종놈은 몸뚱이를 험하게 굴리며 살아와서 몸뚱이로 오르는 게 그래도 쉬웠다. 하지만 양반과 역관은 몸뚱이를 써 본 적이 없잖은가! 병든 개미처럼 헉헉대며 암벽 타기 수준으로 계단을 올랐다. 그래도 포기하는 사람은 없었다.

드디어 장대 꼭대기에 올랐다. 성벽이 끝없이 이어져 있었다. 구렁이 같은 성벽이 높고 높은 산봉우리를 한없이 타 넘고 있었다.

만리장성! 만 리를 잇는 성벽.

한양에서 의주까지가 천 리, 압록강 건너서 요양까지가 또 천 리, 요양에서 산해관까지가 또 천 리란다. 그러니까 지금까지 두어 달 동안 우리가 걸어온 길이 삼천 리쯤 된다. 그런데 저 성벽은 삼천 리의 서너 배가 이어진다는 것이다.

도대체 어디까지 이어졌다는 얘긴가? 삼장법사가 원숭이 손오공이랑 불경인가 뭔가 가지러 갔었다는 천축국이라는 데까지 이어진 것인가.

장대의 성가퀴˙에서는 과연 동서남북의 모든 것이 다 내려다보였다. 남쪽으로는 넓고 넓은 바다, 동쪽으로는 우리가 지나온 요동 벌판, 북쪽으로는 뾰족뾰족 굽이치는 산, 서쪽으로는 산해관.

산해관은 우리가 곧 들어가게 될 고장이라는데, 수만 채

---

성가퀴 • 성 위에 낮게 쌓은 담으로, 이곳은 몸을 숨기고 적을 감시하거나 공격하는 장소로 쓰였다.

의 집과 거리가 손금 보는 듯했다.

 쳐들어오는 오랑캐를 막겠다고 만리장성을 쌓았다는데, 나는 그게 무슨 소리인지 이해할 수 없었다. 장대에서 바라보니 알겠다. 바다에서 왜구가 배로 쳐들어오는 것도 보이겠고, 요동 벌판이나 산에서 오랑캐가 말 타고 몰려오는 것도 다 보일 듯했다.

 장대 자체가 하나의 군사 기지인 듯했다. 장대에는 일곱 개의 성가퀴가 있었다. 성가퀴 바로 아래에는 토굴이 있었다. 쉰 명 정도는 들어앉을 수 있는 크기였다. 장대 하나에 이런 토굴이 스무 개나 된다고 했다. 장대 하나에 천 명의 군사가 머물며 싸울 수 있는 것이다.

 생각해 보니 우습다. 중국 한족이 요동 벌판과 만주에 사는 오랑캐를 막겠다고 쌓은 것이 만리장성이란다. 그런데 오랑캐라 불렸던 여진족이 만리장성을 넘어가 중국을 차지하는 바람에, 만리장성은 구경거리가 되었단다.

 산 오르기를 좋아하는 사람들은 말했다. 오르는 것보다 내려오는 게 더 힘들다. 무슨 헛소리인가 했는데, 정말로 그랬다.

장대의 돌계단은 내려가는 것이 백배는 더 힘들었다. 올라갈 때는 위만 쳐다보고 올랐다. 먼저 올라간 사람들의 궁둥이만 보면 되었다. 내려갈 때는 까마득한 아래가 보였다. 낭떠러지 위에 서 있는 듯했다. 낭떠러지를 내려가야 한다니! 다리가 부들부들 떨렸다.

도무지 어떻게 다시 내려왔는지 모르겠다. 다 내려와서 보니 나는 완전히 땀으로 젖어 있었다.

양반과 역관이 더 불쌍했다. 올라갈 때는 종놈들이 엉덩이도 밀어 주고 허리도 받쳐 주고 그랬다. 내려올 때는 종놈이 도와줄 수가 없었다. 자기 한 몸도 간신히 지탱하는데 상전 몸뚱이까지 신경 쓰랴. 양반과 역관이 병든 닭처럼 버르적대는 꼬락서니들이 고소하기도 하고 애처롭기도 했다.

뚱선비는 남들보다 몸이 뚱뚱해서 더욱 고생을 했다. 그러게 뭘 먹고 저리 살찌셨냔 말이다.

### 7월 25일 김홍도의 그림

저녁을 먹고 똥선비와 정 진사는 한가로이 어느 거리를 걷고 있었다.

똥선비가 문득 내게 말했다.

"네 귀밑털 아래 돋은 사마귀가 더 커졌구나."

"소인 귀에 사마귀 난 것을 어찌 아세요?"

정 진사도 놀라워했다.

"종놈 사마귀 난 것도 아시고 눈이 참 밝으십니다."

"그러게 내 눈이 참 쓸데없이 밝아. 가만, 저 집 대문을 보게. 그림을 사고파는 집 같네. 왔으니 중국 그림도 구경 한번 해 봐야지."

가게로 들어가니 어떤 노인이 목판에 그림 같은 것을 새기고 있었다. 똥선비와 정 진사는 이 그림 저 그림 두루 살펴보았다.

한 사람이 서투른 조선말로 물었다.

"혹시 사신으로 오신 분들이신지요?"

정 진사가 그렇다고 하자 그 사람은 그림첩 하나를 가지고 나왔다.

"아까 사신단 중에 한 분이 이 그림첩을 팔고 가셨습니다. 그림이 썩 훌륭해서 샀습니다. 그런데 그림들에 누가 그린 것인지 도장이 없더라고요. 혹시 보시고 아시면 어떤 화원의 그림인지 밝혀 주시면 좋겠습니다."

그림첩을 살펴보던 뚱선비가 깜짝 놀라서 말했다.

"장복아, 이거 우리들 아니냐?"

뚱선비가 펼친 그림을 보니 말 타고 있는 뚱뚱한 선비, 말을 끌고 있는 경마잡이, 말 뒤에서 봇짐을 짊어지고 따르는 소년이 있었다. 뚱선비님과 창대와 나를 훔쳐다가 종이에 박아 놓은 듯했다. 어쩌면 이렇게 똑 닮았을까!

한양 시장 거리 거울 가게를 구경할 때, 거울에 비친 내 얼굴을 본 적이 있어서 내가 잘생겼다는 것을 알고 있었다. 그림으로 봐도 역시나 잘생긴 내 얼굴이다. 난향이가 반할 만하지!

뚱선비가 다른 그림들을 하나씩 넘겼다. 두 사람이 씨름을 하고 그걸 구경하는 사람들, 벼를 타작하고 있는 농사꾼들, 서당에서 공부하는 아이들…… 참말로 잘 그렸다.

내가 자라면서 보았던 것이 종이에 죄 옮겨져 있었다.

뚱선비가 감탄조로 말했다.

"조선에서 이처럼 제대로 그릴 사람은 한 사람밖에 없다."

장사꾼이 기뻐하며 말했다.

"화원 분을 아시는군요."

"아네. 그런데 이 그림첩은 문제가 있네. 자네한테 이 그림첩을 팔고 간 사람은 도둑놈일세. 화원은 그림첩을 도둑맞았어. 이렇게 하세. 내가 은자 두 냥을 주겠네. 그럼 자네도 손해가 아니잖은가?"

장사꾼은 좀 생각하는 얼굴이더니 말했다.

"청심환은 없으십니까?"

뚱선비는 은자 두 냥과 정 진사가 가지고 있던 청심환 세 알을 빌려 달라 하여 장사꾼에게 주었다. 장사꾼이 그림첩을 내주었다.

"그림을 훔쳐서 제게 판 사람의 모습을 그려 드릴까요?"

"되었네. 그 사람을 찾으면 괜히 소란스럽기만 할 게야. 그림첩이 제 주인만 찾아가면 되지."

뚱선비는 나에게 심부름을 시켰다.

화원 김홍도는 열심히 또 뭔가를 그리고 있었다. 그림첩을 살펴본 김홍도는 눈물을 흘렸다.

"죽었다가 살아 돌아온 자식을 만난 것 같구나!"

김홍도는 급기야 잃어버린 아들이라도 만난 것처럼 통곡했다. 나도 펑펑 울었다. 괜히 아버지 어머니가 생각나서 울음을 참을 수가 없었다.

## 7월 26일 냇가 시장

이제까지 나는 날씨 얘기를 거의 하지 않았다. 땅덩이가 넓어서 그런지 중국 날씨는 어떻다고 딱 한마디로 말하기 어려운 거다. 오늘만 해도 그렇다.

오전엔 한없이 맑았다. 갑자기 큰 바람이 불었다. 산이 미쳐 나고 들이 뒤엎어지는 듯했다. 우레가 울고 번개가 치고 큰비가 내렸다. 거짓말 안 보태고 내 주먹만 한 물덩이가 돌덩이처럼 쏟아졌다. 보고도 믿어지지가 않았다. 중국이라는 나라는 뭐든지 큰 모양이었다. 빗방울마저 이토록 크다니. 정신없이 빗방울을 맞았다. 언제 그랬냐는 듯 맑게 개었다.

　이러니 날씨를 뭐라고 적을 건가? 속 편하게 안 적고 말았던 거다.


　냇가에 장이 서 있었다.

　채롱˚을 맨 자가 우리 앞을 막아서더니 쏼라쏼라 했다. '구경해라'라는 말이다. 중국에 들어온 지 한 달, 중국 말을 하도 들어서인지 웬만한 소리는 알아들을 수 있었다.

　장사꾼이 채롱에서 상자 다섯 개를 꺼냈다. 상자 안에는 뱀 한 마리씩이 들어 있었다. 뱀들은 똬리를 튼 채 한복판에 대가리만 내밀고 있었다. 검정 뱀 한 마리, 흰 뱀 한 마리, 파란 뱀 두 마리, 붉은 뱀 한 마리였다. 죽었는지 살았는지 알 수가 없었다. 장사꾼이 쏼라쏼라 하는데 '고치기 힘든 부스럼에 즉효'라는 것 같았다.

　한쪽으로 가니 동물 놀리는 장사꾼들이 있었다.

　쥐가 쳇바퀴 도는 것도 신기했고, 토끼 두 마리가 널뛰기하는 것도 신기했다.

가장 신기한 재주는 곰이 부렸다. 큰 개만 한 곰은 사람처럼 두 발로 서서 걸었다. 북소리에 맞춰 춤도 추었다. 꿇어 엎드리더니 머리를 조아리며 절도 했다. 도대체 얼마나 괴롭혔기에 곰이 사람 흉내를 내기에 이르렀을까. 곰이 불쌍했다.

또 한쪽에서는 초립 쓴 계집애 세 명이 마상재˙를 놀고 있었다. 내 또래였다. 말을 타고 달리며 오른쪽에 있다가 순식간에 왼쪽으로 위치를 바꾸기도 했고, 달리는 말 위에 서 있기도 했고, 서로 몸을 날려 말을 바꿔 타기도 했고, 별별 짓을 다 보였다.

"눈발이 휘날리고 나비가 춤을 추는 듯하구나!"

"여름에 웬 눈발이랍니까?"

"아름답다는 뜻이다. 아름답기는 하나 애틋해 보이는구나. 저게 다 먹고살자고 하는 짓 아니겠느냐."

나는 아름다운 계집애들을 보자 난향이가 생각났다.

---

채롱 • 아름다운 색깔로 꾸민 바구니를 말한다.
마상재 • 달리는 말 위에서 부리던 여러 가지 무예를 말한다.

## 7월 27일 사랑

드넓은 연못이 보였다. 중국은 연못마저도 컸다. 연꽃들은 이미 다 떨어지고 이파리만 빽빽했다. 사람들이 작은 배를 타고서 연뿌리를 캐고 있었다. 우리나라에서 코딱지만 한 연못만 보다가, 작은 배가 백여 척은 떠 있는 큰 못을 보자 입이 딱 벌어졌다.

돼지 수천 마리를 한꺼번에 몰고 가는 걸 보았다. 말 떼, 소 떼, 양 떼에 이어 돼지 떼까지 보았다. 중국 돼지는 조선 돼지보다 덩치는 컸지만 굉장히 못생겼다. 맛도 없을 듯했다. 하여간 누가 몰고 가는지도 모르게 꿀꿀대며 땅을 울리고 갔다.

유구국 공주님이 찾는다기에 가 보았다. 늘 그렇듯이 조수삼과 다정히 있었다.
"우리는 사랑한단다."
나는 낄낄대며 말했다.

"두 사람 사랑하는 거, 웬만한 사람들은 다 알아요. 사랑을 모르는 양반님네들이나 모르지, 척 보면 딱 아는 우리 아랫것들이야, 두 분이 짝꿍 된 거 애초에 알아봤죠. 누가 먼저 좋아했다 할 것도 없이 눈이 맞은 거잖아요."

"그러나 큰일이 아니냐. 연경에는 지금 공주님을 기다리는 신랑감이 있다."

"나는 중국 사람과 살고 싶지 않다. 장복아, 우리는 네가 머리 좋은 걸 알고 있다. 우리 두 사람이 결혼할 수 있는 좋은 꾀가 없겠느냐?"

"그런 건 간단한 일이지요. 예비 신랑이 공주님을 차 버리도록 하는 겁니다."

이제부터 공주님은 아주아주 못생긴 호박처럼 꾸미셔야 한다. 조선 사신단 속에 유구국 공주가 끼었는데 아주아주 못생겼다는 소문이 널리널리 퍼져 예비 신랑의 귀에까지 들어가도록 말이다. 그러면 예비 신랑은 사람을 풀어 공주님이 어떤 사람인지 알아보려고 할 테다. 그러니 공주님은 지금부터 성격까지 나빠져야 한다. 그리고 몹쓸 병에 걸린 것처럼 꾸며야 한다. 성격도 나쁘고 못생기고 병까지 걸린 공주를 누가 좋아하겠는가. 예비 신랑이 먼저 결혼을 파하자고 나올 것이다.

"정말 좋은 꾀로구나."

공주와 조수삼은 와락 껴안더니 동아줄이라도 붙잡은 남매처럼 기쁨의 눈물을 흘렸다.

칭찬받아서 되게 쑥스러웠다. 사실 그건 내 꾀라고 할 수 없다. 우리 아랫것들끼리 조수삼과 유구국 공주님이 잘 되려면 어떻게 해야 할까 온갖 말을 떠들었던 것이다. 그 말들을 모아서 내 생각인 것처럼 말해 준 것뿐이다.

우리 아랫것들은 약속한 바 있었다. 조수삼 역관을 도와주자. 그래서 중국 사람만 만나면 유구국 공주님 흉을 보았다. 공주님 신랑감도 지금쯤은 소문을 듣지 않았을까? 남을 흉보는 것은 나쁜 일이다. 그런데 공주님을 흉보는 것이 공주님을 돕는 방법이라니! 참 세상일은 알다가도 모르겠다.

## 7월 28일 호랑이 꾸중

뚱선비가 벽에 적힌 글을 읽더니 껄껄 웃었다. 뚱선비가 어설픈 중국 말로 가게 주인에게 물었다.

"참 재미있는 글이외다. 저걸 누가 썼소?"

"모릅니다. 제가 가게를 샀을 때부터 있었던 글이지요. 누가 썼다는 서명도 없고, 누가 썼다는 말도 들은 바가 없습니다."

"저 글을 좀 베껴 가도 되겠소?"

"뭐하시게요?"

"우리 조선 사람들을 한바탕 웃겨 주려고 그러오. 저 글을 읽으면, 모두가 배를 틀어쥐고 넘어져 뒤통수가 깨지도록 웃게 될 것이오. 웃느라고 먹던 밥풀이 벌 날듯 우수수 튈걸."

주인이 멀뚱멀뚱하더니 대답했다.

"무슨 말씀이신지 알아들을 수가 없군요. 아무튼 마음대로 하세요."

내가 궁금해서 물었다.

"대체 무슨 얘긴데 그러세요?
"호랑이가 똥구덩이에 빠진 선비를 냄새난다고 먹지도 않고 쫓아 버린다는 얘기다."

나는 별로 안 웃겼는데, 똥선비와 정 진사는 한참을 웃었다.

"정 진사께서는 저쪽을 베껴 주시오. 나는 이쪽을 베끼겠소."

두 사람은 열나게 베꼈다.

숙소에 돌아와서 똥선비는 한탄했다.

"정 진사가 베낀 것은 한 자도 알아볼 수가 없구나. 틀린 글자가 수두룩해. 안 되겠다. 내가 깜냥대로 새로 써야겠구나."

선비님은 밤을 지새워 글을 한 편 쓰셨다. 똥선비는 호랑이를 실감나게 묘사하겠다며 내게 물었다.

"호랑이 눈빛이 어떻더냐? 호랑이가 어떻게 웃더냐? 호랑이 꼬리를 잡았을 때 그 느낌이 어떻더냐? 네가 보고 느낀 대로 말해 보거라."

"그게 말로 설명하기가 되게 어렵습니다요."

"역시 거짓부렁이었구나."
"아닙니다요, 그러니까 호랑이 눈빛은……."
나는 최선을 다해 설명해 드렸다.

뚱선비가 어떻게 썼는지 모르겠지만, 뚱선비님이 쓰셨다는 '호랑이 꾸중 이야기'에 나오는 호랑이는 나를 구해 준 그 호랑이님이란 것을 확실히 밝혀 둔다.


## 7월 29일 극장

그동안 고을마다 있는 극장을 지나치기만 했다. 뚱선비님은 보아 둘 것 다 보아 두어야 한다면서 극장에 갔다. 우리나라에는 없고 중국에만 있는 게 꽤 있는데 극장도 그중의 하나였다.

겉으로 보기엔 그냥 여느 가겟집 같았다. 들어가 보니 의자가 수백 개였다. 앞에는 하얀 벽이 있었다. 자리를 못 잡고 서서 보는 사람까지 다 하면 오백 명쯤 되는 사람이 있었다.

사방에 켜져 있던 횃불이 꺼졌다. 장바닥에 온 것처럼 떠들던 사람들이 갑자기 입을 다물었다. 그러자 앞에 있던 하얀 벽이 올라갔다. 그것은 벽이 아니라 하얀 천이었나 보다. 하얀 천이 올라가자 등불로 밝힌 무대가 나타났다.

유비 닮은 사람, 관우 닮은 사람, 장비 닮은 사람이 나타나 칼춤을 추었다. 내가 유비, 관우 장비를 보았을 리 없지만 딱 보니 그 삼 형제 같았다. 삼국지 얘기를 그 얼마나 자주 들었던가. 무대 위 사람들의 중국 말을 알아들을 수는 없었지만, 무슨 얘기인지 어림짐작할 수 있었다.

유비, 관우, 장비가 복숭아밭에서 의형제 맺는 대목이었다. 세 사람이 말 피 비슷한 빨간 술 같은 것을 마시자, 구경꾼들은 소리를 지르며 손뼉을 쳐 댔다.

흰 천막이 내려왔다. 사방의 횃불이 도로 켜지고 구경꾼들은 왁자하게 떠들었다.

잠시 후 다시 흰 천막이 올라가자 또 일시에 조용해졌다. 이번엔 다른 이야기를 노는 모양이었다.

부모 잃은 두 소녀가 나왔다. 두 소녀는 부모의 원수를 갚겠다고 스승을 찾아다녔다. 마침내 한 스승에게 검술을 배웠다. 두 소녀는 부모의 원수를 찾아가 복수에 성공했다. 두 검녀가 휙휙 날아다니며 원수를 무찔러 대는 장면에서 구경꾼들은 미친 듯이 손뼉을 쳤다.

6부

최고의 장관 연경

## 7월 30일 최고 장관

드디어 내일이면 연경이란다! 죽었다 깨도 다 못 갈 것 같았던 길이었는데, 그 길을 다 왔고 마침내 끝이 가깝다는 것이다.

늘 그렇듯이 뚱선비는 정 진사, 변 의원, 백동수, 김홍도 등과 어울려 가고 있었다.

뚱선비가 문득 물었다.

"여보게들, 중국에 와서 본 것 중에 제일 장관이 무엇이었는가? 하나만 꼭 집어 말을 해 보게나."

정 진사가 고개를 저었다.

"장관이라면 가장 볼만했던 것을 말하는 것인가? 나는 볼 것이 아무것도 없던데."

"그럴 리가?"

"도무지 볼 것이 없어. 죄다 머리를 깎았잖나. 도시의 관리는 물론이고 시골의 선비와 백성까지 모조리 머리를 깎았어. 머리를 깎았으면 오랑캐이고 오랑캐는 개나 돼지와 다를 바 없어. 개나 돼지들이 사는 땅에서 뭘 볼 게 있겠나."

"자네가 말하는 그 오랑캐가 중국의 주인이 된 지 몇 백 년이 되었거늘, 그런 답답한 소리를 하나. 엉뚱한 소리 하지 말고 눈에 보였던 것 중에 말해 보란 말이야."

정 진사는 고집스럽게 소리 질렀다.

"나는 볼 것이 하나도 없었대두."

백동수가 무사답게 말했다.

"산해관 만리장성 장대에서 바라본 요동 천리 아니겠습니까. 드넓은 요동 벌을 말 타고 달리던 고구려 장수들이 보이는 듯하더이다."

변 의원이 말했다.

"저는 약재로 쓸 만한 풀을 쳐다보고 다녀서 그런지 온갖 풀만 기억납니다. 풀들이 바람결에 누웠다 일어났다 하는 모습이 참 장관이었죠."

김홍도가 사람을 그리는 이답게 말했다.

"저는 풍경보다는 사람들이 놀라웠습니다. 한인, 몽고인, 만주인, 서역인…… 피부도 다르고 생김도 다르고 서로 많이 다른 사람들이 사이좋게 어울려 산다는 것이 참 신기했습니다."

뚱선비가 아랫것들에게도 말해 보라고 했다.

창대가 말했다.

"구요동에서 보았던 백탑이 볼만했습니다요. 그처럼 높은 탑을 어떻게 쌓았단 말입니까? 그걸 사람이 쌓았다니 믿어지질 않습니다요."

이동이 헤벌쭉 말했다.

"늘 느끼는 거지만, 큰길가에 집과 가게가 끝없이 이어지는 게 가장 폼 나던 걸요. 우리 조선 것들은 한양만 봐도 입이 쫙 벌어지는데, 한양 두세 배 되는 고을이 쫙 깔려 있잖습니까."

내가 말했다.

"소인은 요동 나무다리가 끝내주던뎁쇼. 만리장성은 수백 년 동안 수백만 명이 조금씩 조금씩 쌓아서 이어 붙인 거라면서요? 근데 요동 나무다리는 몇 년 만에 확 깔아 버린 거잖아요. 어떻게 그럴 수가 있을까요?"

나도 사실은 만리장성이 으뜸 장관이라고 생각했다. 백동수 아저씨 말을 따라 하면 줏대가 없어 뵐 것 같아서 버금 장관으로 생각했던 나무다리를 얘기한 거다.

득룡이 따지듯 말했다.

"그까짓 것들을 가지고! 장관은 아직 나타나지 않았습죠. 진짜 장관은 며칠 뒤에 보게 될 '유리창'입죠. 한양에 있는 가게에다가 지금까지 오면서 본 중국 가게들을 다 합친 것보다 더 많은 가게가 모여 있는 데가 유리창이라니까요. 거기에 가시면 눈이 확 뒤집어질 겁니다."

아랫것들 말을 시큰둥하게 듣고 있던 정 진사가 뚱선비에게 물었다.

"연암은 뭐가 장관이었소?"

뚱선비는 기다렸다는 듯이 대답했다.

"수레올시다!"

뚱선비는 왜 수레가 가장 장관인지 떠들었다. 내가 알아듣기에 어려운 말을 많이 쓰셨다. 대충 알아들은 바대로 정리하면 이런 얘기였다.

우리나라에도 수레가 있기는 하다. 그러나 제대로 된 수레가 있는가? 바퀴가 완전히 둥글지도 않아서 제대로 굴러가는 수레가 드물다. 그나마 한양성 같은 큰 성에서나 몇 대 구경할 수 있을 뿐, 시골에서는 구경하기도 힘든 게 수레다.

중국의 수레를 보라. 지금까지 오면서 날마다 수없이 많은 수레를 보았다. 바퀴는 완벽하게 둥글고 제대로 굴러가서 바퀴 자국은 일직선처럼 똑바르다. 수레가 자유로이 다닐 수 있도록 길들은 시골구석까지 평평하고 쭉쭉 뻗어 있다.

별의별 수레가 다 있다. 가마 같은 것을 얹어 사람을 태우고 다니는 수레, 어떤 짐이라도 드높이 실을 수 있는 수레, 좁은 길을 마음대로 오갈 수 있는 외바퀴 수레, 불을 끌 수 있도록 물을 싣고 다니는 수레, 공사하는 데 쓰는 수레, 대포 같은 무기를 싣고 다니는 수레 등등.

뚱선비가 우리 아랫것들을 둘러보고는 말했다.

"너희들이 말한 장관이라는 게, 다 수레의 힘으로 만들어진 것이란 말이다."

뚱선비님이 아무리 어려운 말씀으로다 수레를 칭찬해도 나는 동의하지 못하겠다. 요동 벌판에 놓인 나무다리가 없다면 그 수레도 다닐 수가 없잖은가. 아무튼 중국 사람은 놀랍다. 만리에 걸쳐 성을 쌓지를 않나, 요동 진흙탕에 나무를 깔지 않나.

## 8월 1일 연경

하늘이 무너지는 듯한 우레 소리가 들렸다. 강물에 떠 있는 배들이 출발할 때 쏘는 대포 소리란다.

이윽고 강이 보였다. 저게 강이란 말인가? 내 눈에는 바다처럼 넓어 뵈는 강이 나왔다. 넓고도 맑은 강물에 개미 떼처럼 바글바글한 배들이 보였다. 십만 척은 되는 듯했다. 각양각색의 배가 물고기처럼 서 있는 모습은 숨이 턱 막힐 정도로 장관이었다.

그간 봐 온 배들은 배도 아니었다. 그것들이 낙엽이었다면 지금 보는 배들은 통나무였다.

사신단은 어느 배에 올라가 속을 구경했다. 배 밑의 칸에는 곡식이 잔뜩 쟁여져 있었다. 배 위에는 이층집을 지어 놓았는데, 층층이 가겟집처럼 잘 꾸며져 있었다. 방도 수십 개는 되는 듯했다. 여자들이 일하는 부엌도 있었다.

이건 배가 아니다. 강물을 떠다니는 대궐이다! 이렇게 대궐 같은 배가 십만 척이라니. 이 강의 크기를 알겠다. 중국 저 남쪽부터 곡식과 물건을 싣고 온 배들이 이곳 연경으

로 모인다는 것이다.

하루 만에 나는 생각을 바꿨다. 중국 으뜸 장관은 십만 척의 배가 모여 있는 연경 포구다.

배에서 내려 언덕에 올랐다. 어디쯤에서부턴가 길바닥은 돌로 되어 있었다. 수레와 말이 어찌나 많은지 길이 막혀 쉬이 열리지 않았다.

마침내 연경성의 한 문으로 들어가자, 사람의 바다, 가게의 바다가 펼쳐졌다. 이제까지 거쳐 온 봉황성에다가 심양성에다가 요양성을 다 합친 것보다도 번화한 세상이었다.

영통교라는 돌다리를 건넜다. 다리마저도 꿈에도 볼 수 없을 만큼 장대했다. 어찌나 넓고 긴지. 의주대로보다 폭이 넓었고 다 건너는 데 한 시간은 걸릴 만큼 길었다. 다리 양쪽으로 난간이 있었는데, 난간 기둥에는 수백 가지 짐승 모양이 얹혀 있었다. 다리 밑으로는 작은 배들이 자라 떼처럼 떠가고 있었다. 강에서 봤던 큰 배의 짐을 연경의 대궐 창고로 옮기는 나룻배라고 했다.

드디어 연경에 닿았다.

한양성을 5월 25일에 떠났다. 의주대로를 거쳐, 압록강을 건너, 요동 천리를 지나, 만리장성을 넘어 마침내 연경에 들어온 오늘이 8월 1일이다.

두 달하고도 이레다!

나는 괜히 울음이 나와서 주체할 수가 없었다. 스르르 주저앉아 꺼이꺼이 울었다.

나그넷길 동안 내 머릿속이 얼마나 알차졌는지 내 가슴이 얼마나 넓어졌는지, 아무도 몰라줘도 괜찮다. 무사히 연경에 닿고야 말았다는 기쁨과 보람만으로도 나는 세상을 다 가진 듯했다.

아쉽지만 여행기를 여기서 그쳐야겠다. 난향이 봇짐을 메고 제주도에 가야 한다. 우리는 한라산에 오를 것이다. 연경에서 겪은 이야기와 돌아오면서 겪은 이야기는, 나중에 (원하는 독자가 많이많이 계시면) 써 보겠다.

| 글쓴이의 말

# 새로운 세상을 향해 떠난 장복이처럼
# 어린이들이 용기와 희망을 얻기를 바라며

　『열하일기』는 번역서도 많고 관련 서적도 많습니다. 그러나 『열하일기』를 이야기로 꾸민 책은 드물어요. 사실 원작 『열하일기』에 이야기는 잘 보이지 않아요. 연암 박지원 선생님의 사상과 관찰과 감정이 주를 이루지요. 꽤 어려운 책이죠. 『열하일기』의 명성은 자자하나 원작을 실제로 읽어 본 사람이 드문 것은 바로 그 때문이지요.
　아동청소년용 『열하일기』들도 원작에 충실히 따랐기 때문에 이야기가 드물고 지식 전달에만 힘쓴 딱딱한 책일 수밖에 없겠지요.

제가 쓴 『조선의 나그네 소년 장복이』는 『열하일기』를 박지원의 관점이 아니라, 박지원의 하인으로 따라갔던 열세 살 소년 장복이의 관점으로 재구성한 이야기예요. 거창하게 말하자면 익히 알려진 『열하일기』를 토대로 하되, 최상류층 양반 지식인의 시각이 아니라, 최하층 노비 소년의 시각으로 당시 사람들의 생활과 감정을 복원하고자 했어요.

이 책은 크게 전반부(한양에서 의주까지)와 후반부(압록강에서 연경까지)로 나뉩니다.

전반부는 완전히 새로운 창작입니다. 원래 『열하일기』는 압록강을 넘을 때부터 시작되지만, 장복이가 쓴 여행기는 한양에서부터 시작됩니다. 20여 종의 「연행록」과 당시(1780년경)를 알 수 있는 자료를 두루 섭렵하여, 열세 살 소년 종놈 장복이의 여행 이야기(한양에서 의주까지)를 만들었어요. 당대의 유명한 인물들(연암 박지원, 위대한 화원 김홍도, 중인 시인 조수삼, 기인 광대 달문이, 무사 백동수 등등)을 두루 등장시켰어요. 당시 풍속과 사회도 담아냈습니다. 일방 훈계적인 계몽소설이 되지 않고 스스로 느끼고 깨달을 수 있는 친근한 이야기가 되고자 했어요.

  후반부는 방대한 『열하일기』의 초반 여정(압록강에서 연경까지)을 재구성한 것이에요. 아동청소년이 가장 잘 이해할 수 있도록 이야기로 풀어쓴 것이지요. 어려운 『열하일기』 원작에서 골자와 에피소드만 뽑아서 장복이가 보고 느끼는 활동적인 이야기로 꾸몄어요.

  옛날 한 소년의 이야기지만, 오늘날 저마다 힘든, 어린이와 청소년들이 장복이의 유쾌통쾌상쾌한 여행기를 읽고 용기와 재미를 얻었으면 좋겠어요.

  즐겁게 여행하는 기분을 느껴 봤으면 좋겠어요.

소설가 김종광

| 박지원과 『열하일기(熱河日記)』

# 세상을 넓게 바라보며 쓴
# 한국 고전문학의 백미

 연암 박지원(1737~1805)은 조선 후기의 문신, 실학자이자 소설가입니다. 그는 돈령부지사(敦寧府知事)를 지낸 할아버지 슬하에서 자랐습니다. 1752년 우암 송시열의 학통을 계승한 산림처사 이보천의 딸과 결혼했습니다. 그의 장인은 연암이 사상과 학문을 정립하는 데 많은 영향을 주었습니다.
 30세가 되던 해, 박지원은 작은아버지 홍억을 따라 연경에 다녀온 실학자 홍대용과 사귀게 됩니다. 당시 홍대용이 북경에서 주고받은 편지와 필담을 보고, 신학문에 많은 관심을 가지게 됩니다.

　그리고 연암에게도 기회가 찾아옵니다. 1780년에 영조의 사위인 삼종형(8촌형) 박명원이 정사로 이끄는, 청나라 건륭(乾隆)황제의 70세 생신을 축하하기 위한 외교사절단의 일원이 된 것입니다. 사절단은 그해 음력 5월 말 한양을 출발해서 6월에 압록강을 건너고 요동(遼東) 벌판을 거쳐, 8월 초 연경에 도착했습니다.

　그리고 당시, 예기치 않았던 건륭황제의 특명이 내려져 연경에서 약 칠백 리나 떨어진 '열하(熱河)'까지 다녀오게 됩니다. '열하'는 주변에 온천이 많아 겨울에도 강물이 얼지 않는다고 하여 붙여진 이름입니다. 당시 건륭황제는 열하에 '피서산장(避暑山莊)'이라는 별궁을 지어 장기간 체류했습니다. 열하는 대제국으로 발전한 청나라 황제를 만나기 위해 온 주변국의 외교사절단으로 붐볐다고 합니다. 당시 연암은 열하를 최초로 방문한 조선사절단이었습니다. 그 때문이었을까요? 『열하일기』에는 박지원이 열하에서 보고 들은 것들을 비중 있게 다루고 있습니다.

　『열하일기』는 모두 26권 10책으로 구성되어 있고, 청나라의 정치·경제·사회·문화 등 다방면에 걸쳐 눈으로 직접 보고 깨달은 경험담을 담고 있습니다. 당시 조선은 유교사상으로 인해 상공업이나 농업에 무관심했습니다. 박지원은 청나라의 앞선 문물제도 및 생활양식을 받아들일 것을 내세운 학풍인 '북학(北學)'의 관점으로 당시 조선의 사회 제도를 비판하고 현실을 개혁할 구체적인 방안들을 제시했습니다.

『열하일기』 표지
ⓒ한국문화재재단

『열하일기』는 현실에 대한 사실적인 묘사와 문체를 담은 까닭에 대부분의 양반 사이에서 베껴 가며 읽었을 정도로 큰 반향을 불러일으켰습니다. 그러나 정조로부터 옛글의 권위를 허물고 선비들에게 악영향을 끼치는 '문체반정'의 주범으로 몰려, 그 후 백여 년간 금서처럼 필사본으로만 떠돌았습니다.

오늘날의 『열하일기』는 어떨까요? 박지원의 실학사상을 담은 사상서로서만이 아니라 한국 문학사에서도 중요한

작품으로 평가 받고 있습니다. 『열하일기』에 실려 있는 「호질(虎叱)」과 「허생전(許生傳)」을 국어 교과서에서 만날 수 있다는 것만 봐도 알 수 있겠지요?

새로운 것을 받아들이고 거침없이 상상했던 연암 박지원의 기록은 여전히 '우물 안 개구리'처럼 근시안적인 사고방식을 가지고 있는 사람들에게 많은 깨우침을 줄 것입니다. 그리고 열린 마음으로 모든 것을 바라보는 어린이들에게 『열하일기』는 '마음만 먹으면 얼마든지 새로운 세상을 접할 수 있다'는 꿈과 희망 그리고 용기를 줄 것입니다.